梁启超论中国法制史

梁启超 著

商务印书馆
2019年·北京

图书在版编目(CIP)数据

梁启超论中国法制史/梁启超著.—北京:商务印书馆,2012(2019.2重印)

ISBN 978-7-100-09060-5

Ⅰ.①梁… Ⅱ.①梁… Ⅲ.①法制史—研究—中国 Ⅳ.①D929

中国版本图书馆 CIP 数据核字(2012)第 072292 号

权利保留,侵权必究。

梁启超论中国法制史
梁启超 著

商 务 印 书 馆 出 版
(北京王府井大街36号 邮政编码 100710)
商 务 印 书 馆 发 行
北 京 冠 中 印 刷 厂 印 刷
ISBN 978-7-100-09060-5

2012年6月第1版	开本 880×1230 1/32
2019年2月北京第2次印刷	印张 5¾

定价:30.00元

目 录

中国法理学发达史论 1

绪论 3
法之起因 6
法字之语源 14
旧学派关于法之观念 19
 第一节 儒家 19
 第二节 道家 34
 第三节 墨家 35
法治主义之发生 38
 第一节 放任主义与法治主义 38
 第二节 人治主义与法治主义 41
 第三节 礼治主义与法治主义 48
 第四节 势治主义与法治主义 60
 第五节 法治主义之产生及其衰灭 63

论中国成文法编制之沿革得失 69

自叙 71
第一章 绪论 72

目录

第二章　战国以前之成文法 …………………………… 75
第三章　李悝之成文法 ………………………………… 80
第四章　两汉之成文法 ………………………………… 82
第五章　魏晋间之成文法 ……………………………… 87
第六章　唐代之成文法 ………………………………… 97
第七章　宋代之成文法 ………………………………… 103
第八章　明清之成文法 ………………………………… 110
第九章　成文法之渊源 ………………………………… 121
第十章　成文法之公布 ………………………………… 125
第十一章　前此成文法之缺点 ………………………… 129

中国专制政治进化史论 ……………………………… 141

绪论 ……………………………………………………… 143
第一章　论政体之种类及各国政体变迁之大势 ……… 144
第二章　封建制度之渐革——由地方分权趋于中央集权 … 148
第三章　贵族制度之消灭——由寡人政治趋于一人政治 … 157
第四章　权臣绝迹之次第及其原因结果 ……………… 171

中国法理学发达史论

(据《饮冰室合集》文集第5册改排)

绪　　论

近世法学者称世界四法系，而吾国与居一焉，其余诸法系，或发生早于我，而久已中绝，或今方盛行，而导源甚近。然则我之法系，其最足以自豪于世界也，夫深山大泽，龙蛇生焉。我以数万万神圣之国民，建数千年绵延之帝国，其能有独立伟大之法系宜也，然人有恒言，学说者事实之母也，既有法系，则必有法理以为之原。故研究我国之法理学，非徒我国学者所当有事，抑亦全世界学者所当有事也。

法律先于法理耶，抑法理先于法律耶，此不易决之问题也。以近世学者之所说，则法律者，发达的而非创造的也，盖法律之大部分，皆积惯习而来，经国家之承认，而遂有法律之效力，而惯习固非一一，焉能悉有理由者也，谓必有理而始有法，则法之能存者寡矣。故近世解释派（专解释法文者，谓之解释派）盛行，其极端说，至有谓法文外无法理者，法理实由后人解剖法文而发生云尔。虽然，此说也。施诸成文法大备之国，犹或可以存立，然固已稍沮法律之进步，若夫在诸法樊然淆乱之国，而欲助长立法事业，则非求法理于法文以外，而法学之效用将穷。故居今日之中国而治法学，则抽象的法理其最要也。

我国自三代以来，纯以体治为尚。及春秋战国之间，社会之变迁极剧烈，然后法治思想乃始萌芽。法治主义者，应于时势之需要，而与旧主义宣战者也。夫体治与法治，其手段固沟然不同，若其设为若干条件以规律一般人之行为，则一也，而凡持旧主义者，又率皆崇信"自然法。"（说详第四章）其所设条件，殆莫不有其理由，其理由之真不真适不适且勿论。要之谓非一种之法理焉不得也，而新主义之与彼对峙者，又别有其理由。而旗帜甚新，壁垒甚坚者也，故我国当春秋战国间，法理学之发达臻于全盛，以欧洲十七世纪间之学说视我，其轩轾良未易言也。

顾欧洲有十七八世纪之学说，而产出十九世纪之事实。自《拿破仑法典》成立，而私法开一新纪元。自各国宪法公布，而公法开一新纪元。逮于今日，而法学之盛，为有史以来所未有。而我中国当春秋战国间，虽学说如林，不移时辄已销熄，后此退化复退化，驯至今日，而固有之法系，几成僵石，则又何也。礼治主义与夫其他各主义（如放任主义人治主义等），久已深入人心，而群与法治主义为敌，法治主义，虽一时偶占势力，摧灭封建制度阶级制度。（战国秦汉之交，吾国固有之封建制度、阶级制度一时摧灭，虽儒法两家并有力而法家功尤伟。说详第六章）然以吾国崇古念重，法治主义之学说，终为礼治主义之学说所征服。门户之见，恶及储胥，并其精粹之义而悉吐蒇之。而一切法律上事业，悉委诸刀笔之吏，学士大夫，莫肯从事。此其所以不能发达者一也，又法家言，主张团体自身利益过甚，遂至蔑视团体员利益，虽能救一时之敝，而于助长社会发达，非可久适，其道不惬于人心，虽靡旧说之反对，势固将敝；而儒墨家言，又主张团体员利益过甚，于国家强制组织之性质，不甚措意，故其制裁力有所穷，适于为社会的而不适于为国家的，夫以两派各有缺点。专任焉俱不足以成久治，而相轻相轧，不能调和，此其所以不能发达者二也。坐此二弊，故虽于一时代百数十年间,有如火如荼之学说,而遂不足以开万世之利,造一国之福也。

逮于今日,万国比邻,物竞逾剧,非于内部有整齐严肃之治,万不能壹其力以对外。法治主义,为今日救时唯一之主义,立法事业,为今日存国最急之事业,稍有识者,皆能知之,而东西各国之成绩,其刺戟我思想供给我智识者又不一而足。自今以往,实我国法系一大革新之时代也。虽然,法律者,非创造的而发达的也。固不可不采人之长以补我之短,又不可不深察吾国民之心理,而惟适是求。故自今以往,我国不采法治主义则已,不从事于立法事业则已,苟采焉而从事焉,则吾先民所已发明之法理,其必有研究之价值,无可疑也,故不揣梼昧,述其研究所粗得者,以著于篇,语不云乎,层冰为积水所成,大略自椎轮以出。此区区数章,苟能为椎轮积水之用,则吾之荣幸,宁有加焉。

法之起因

我国言法制之所由起,大率谓应于社会之需要而不容已。此儒墨法三家之所同也,今刺取其学说而比较之,

(一) 儒家

(《荀子·礼论》篇)人生而有欲,欲而不得,则不能无求,求而无度量分界,则不能不争,争则乱,乱则穷。先王恶其乱也,故制礼义以分之,以养人之欲,给人之求,使欲必不穷乎物,物必不屈于欲,两者相持而长,是礼之起也。故礼者养也。

(又《王制》篇)水火有气而无生,草木有生而无知,禽兽有知而无义,人有气有生有知亦且有义,故最为天下贵也,力不若牛,走不若马,而牛马为用何也,曰人能群,彼不能群故也。人何以能群,曰分,分何以能行,曰义,故义以分则和。(杨注,言分义相须也。)和则一,一则多力,多力则强,强则胜物。(中略)故人生不能无群。群而无分则争,争则乱,乱则离,离则弱,弱则不能胜物,君者善群者也。

(又《富国》篇)人伦并处(杨注:伦,类也),同求而异道,同

欲而异知,生也,皆有可也,知愚同,所可异也,知愚分。(杨注:可者,遂其意之谓也。)势同而知异,行私而无祸,纵欲而不穷,则民心奋而不可说也,如是则知者未得治也。知者未得治,则功名未成也。功名未成,则群众未县也。(案,县同悬,谓悬隔也。)群众未县,则君臣未立也,无君以制臣,无上以制下,天下害生纵欲,欲恶同物,欲多而物寡,寡则必争矣。(中略)离居不相待则穷,群而无分则争,穷者患也,争者祸也,救患除祸,则莫若明分使群矣。

(二) 墨家

(《墨子·尚同篇上》)古者民始生未有刑政之时,盖其语人异义,是以一人则一义,二人则二义,十人则十义。其人兹众,其所谓义者亦兹众。(案,兹同滋,益也。)是以人是其义以非人之义,故交相非也,是以内者父子兄弟作怨恶,离散不能相和合。天下之百姓,皆以水火毒药相亏害,至有余力不能以相劳,腐朽余财,不以相分,隐匿良道,不以相教,天下之乱,若禽兽然。明夫天下之乱,生于无政长,是故选天下之贤可者,立以为天子。(中略)天子惟能壹同天下之义,是以天下治也。

荀子之所谓礼所谓义,墨子之所谓义,其实皆法也。盖荀子言礼而与度量分界相丽,言义而与分相丽;墨子言义而与刑政相丽,度量分界也,刑政也,皆法之作用也。

(三) 法家

(《管子·君臣篇下》)古者未有君臣上下之别,未有夫妇妃匹之合,兽处群居,以力相征。于是智者诈愚,强者凌弱,老幼孤独,不得其所。故智者假众力以禁强虐而暴人止,为民兴利除害,正民之德而民师之。(中略)名物处违是非之分,则赏罚行矣。上下设,民生体,而国都立矣,是故国之所以为国者,民体以为国;君之所以为君者,赏罚以为君。

(《商君书·君臣》篇)古者未有君臣上下之时,民乱而不治,是以圣人列贵贱,制节爵位,立名号,以别君臣上下之义。地广民众万物多,故分五官而守之,民众而奸邪生,故立法制为度量以禁之。

(又《开塞》篇)天地设而民生之,当此之时也。民知其母而不知其父,其道亲亲而爱私,亲亲则别,爱私则险。民生众,而以别险为务,则有乱。当此之时,民务胜而力征,负胜则争,力征则讼,讼而无正,则莫得其性也,故贤者立中,设无私,而民日仁。当此时也,亲亲废上贤立矣,凡仁者以爱利为道,而贤者以相出为务。民众而无制,久而相出为道则有乱,故圣人承之,作为土地货财男女之分。定而无制不可,故立禁,禁立而莫之司不可,故立官,官设而莫之一不可,故立君。既立其君,则上贤废而贵贵立矣。

(《韩非子·五蠹》篇)古者丈夫不耕,草木之实足食也,妇女不织,禽兽之皮足衣也。不事力而养足,人民少而财有余,故民不争,是以厚赏不行,重罚不用,而民自治。今人有五子不为多,子又有五子,大父未死而有二十五孙,是以人民众而货财寡,事力劳而供养薄,故民争,虽倍赏累罚而不免于乱。

以上三家五子之说,皆以人类之有欲为前提,谓生存竞争,为社会自然之现象。而法制则以人为裁抑自然,从而调和之,而荀墨商三家,谓人始为群,即待法治,韩则谓地广人稀时,无取于法,法必缘民众而需要始亟,是其微相异者也。韩子殆只认形成国家后之强制组织,而不认社会的制裁力,是其缺点也。盖韩子之学,渊源于老子,而老子谓郅治之极,无法而能治也。(韩子谓人民少而财有余,故民不争。然人民少之时,财亦决非能有余。此可以生计学理说明之也。故韩子此前提实不正确。)人类有欲之一前提,亦老子所承认也,然其所以解决此问题之方法,则与诸家异,儒墨法诸家,皆以节欲为手段。故礼也义也法也,从此生焉。老子则以绝欲为手段。欲苟绝,则一切皆成疣赘矣,故其言曰,不见可欲,使民心不乱。又曰,常使民无知无欲,故无为而无不治。又曰,少私寡欲。又曰,不欲以静,天下将自定,皆其义也。虽然,人类之欲,果可得绝乎?不可得绝,则老子之说不售也。以今语说之,则生存竞争者,果为人类社会所得逃之公例乎,不可逃则法制之起,其决不容已也。

荀子社会学之巨擘也,其示人类在众生界之位置,先别有生物于无生物,次别有知物于无知物,次别有理性物于无理性物,谓人类者,其外延最狭,而其内包最广,与欧西学者之分类正同,彼之所谓理性，荀子所谓义也。亦谓之普通性，亦谓之大我。（附注：义，从我从羊，会意字也。董子云，义者，我也。其从羊者，所以别于小我。羊能群者也。故我国文字凡形容社会之良性质者，皆从之，群、善、美、义等是也。《考工记》注曰：羊，善也；义从我从羊，所以示我之结集体。即所谓大我也。）此大我之普通性，即人类所以能结为团体之原因也。（小野冢博士言，国家所由起根于人类之普通性。而筧博士，国家社会之最高原因根于自我之自由活动。其所谓自我者，谓人类共通之大我也，与佛学之华严性海相合。他日更详细介绍之。）荀子以义为能群之本原，洵批却导窾之论矣。其《富国》篇所论，由经济的（生计的）现象，进而说明法制的现象，尤为博深切明。谓离居不相待则穷，故经济的社会，为社会之成始；谓群而无分则争，故国家的社会，为社会之成终。其言争之所由起，谓欲恶同物，欲多而物寡，欲者经济学所谓欲望。（德语之 Begierde、英语之 Desire）欲多而物寡，即所谓欠乏之感觉。（德语之 Empfindung des Mangels）而欠乏之感觉，由于欲恶同物，人类欲望之目的物。如衣食住等，大略相同故也，荀子此论，实可为经济学社会学国家学等之共同根本观念也。

诸家之说，皆谓法制者，由先圣先王之救济社会之一目的而创造之，语其实际，则此创造法制之人，即形成国家时最初之首长也。而此首长，以何因缘而得有为首长之资格，诸家所论，微有不同，墨子言选天下之贤可者，立以为天子，是谓最初之首长，由选举而来，然法制未立以前。何从得正确之选举，是不免空华之理想也，儒家皆言天生民而立之君，又曰亶聪明作元后，是谓由天所命。然兹义茫漠，不足以为事实也。荀子亦儒家，而所言稍趋于实，谓必功名成然后群众悬，必知者得治然后功名成，盖当社会之结合稍进，则对内对外之事件日赜，其间必借有智术者或有膂力者,内之以维持社会之秩序,外之以保障社会之安宁,于是全社会之人德之,而其功名成焉。寖假其人及其辅翼者,遂独占优势于社会。此君主贵族所由起也,故曰群众悬而君臣立矣。

管子言智者假众力以禁强暴。其说明社会形成国家之现象,尤为盛水不漏。夫虽有智者,苟非假众力而国无由成,盖国家为人类心理之集合体。苟其人民无欲建国之动机,则国终不可得建也,而又非如民约论者流,谓国纯由民众建也。虽有众力,苟无假之以行最高权者,则国亦无由成,两相待而国立焉,制定焉,管子此语,今世欧西鸿哲论国家起原者,无以易之也。

又管子所谓"上下设,民生体",所谓"民体以为国",实"最古之团体说"也。(房注谓,上下既设,则生贵贱之体,贵贱成礼,方乃为国,以礼释体,实曲解也。民礼以为国,岂复成文义耶。管子又云,先王善与民为一体,与民为一体,则是以国守国,以兵守民也。《君臣篇上》正可与此文相发明,故管子实国家团体说之祖也。)盖上之对下,即全部对一部之意也,即拓都对么匿之意也,上下既设而肢官各守其机能。如一体然,而此人民结集之一体,则谓之国家也。《商君·开塞》篇之论,言国家发生成长之次第,尤为博深切明,盖由家族进为社会,由社会进为国家,由爱治进为体治,由体治进为法治。其所经过之阶级,实应如是也。其所论亲亲、上贤、贵贵之三时代,亦与历史相吻合。其上贤之一时代,即由图腾社会形成国家之过渡也。而所谓贤者,谓智力优秀于其侪者也。盖虽在未成国家以前,而社会上优秀者之地位已渐显,即所谓上贤时代也。及优秀者之地位被确认,则所谓贵贵时代也。

商君言制之兴,在未立君以前。夫在原始社会,其未立君者,即其未形成国家者也,谓未形成国家而先有法制,似不衷于理论。

虽然,未有国家以前,夫既有社会之制裁力,商君所谓制者,盖指此也,故别前者谓之制。而后者谓之禁,制者相互的,而禁者命令的也,故禁也者,即国家之强制组织也。而禁之与官,官之与君,同时并起,非谓先有禁而后有官,先有官而后有君。精读原文,自不至以辞害意焉矣。

小野冢博士者,日本第一流之学者也。今引其言以证管商二子之说。其言曰:"原人最始为徽章(图腾)社会,而此种社会,由家族团体时期,渐进于地域团体时期。(中略)当其未形成国家以前,亦固思所以调和冲突,维持内部之平和。其间自有规律之发生,略约束其分子,但此规律,无组织的强制力之后援,苦失诸微弱,洎夫内部之膨胀日增,对外之竞争日剧,于是社会之组织,分科变更,而强制的法规起焉,强制法规既具,不可无统一之之机关群中之优秀者,则应其任而执行之。始犹不过暂置,既而内外之形势继续,而机关遂不得不继续,而所谓优秀者,遂得继续以保其优势之地位。故原始国家与君主团体,常有密接之关系,非偶然也。"(《政治学大纲》上卷一四五至一五〇叶)此与商君之言,抑何相类之甚耶!而其所谓优秀者,亦即管子所谓假众力以禁强暴之智者也。荀墨两家仅言体言义言分。是所重者,仍在社会之制裁力也,混道德与法律为一也,所谓礼治主义、德治主义也。管商皆言禁,则含有强制组织之意义,而法治主义之形乃具矣,此法家之所以独能以法名其家也。

(《汉书·刑法志》)夫人宵天地之貌,(颜注云,宵义与肖同。貌,古貌字。)怀五常之性,聪明精粹,有生之最灵者也。爪牙不足以供耆欲,趋走不足以避利害,无毛羽以御寒暑,必将役物以为养,任智而不恃力,此其所以为贵也。故不仁爱则不能群,不能群则不胜物,不胜物则养不足。群而不足,争心将作,上圣卓然先行敬让博爱之德者,众心说而从之。从之成群,是为君矣。归而往之,是为王矣。《洪范》曰:天子作民父母,以为天下王。圣人取类正名,而谓君为父母。明仁爱德让,王道之本也。爱待敬而不敝,德须威而久立,故制礼以崇敬,作刑以明威也。圣人既躬明悊之性,必通天地之心,制礼作教,立法设刑,动缘民情,而则天象地。

此文言法制起原,兼采儒墨法诸家之说而贯通之,明社会制裁力,与国家强制组织,本为一物。体治与法治,异用而同体,异流而同源,且相须为用,莫可偏废此诚深明体要之言也。读此而我国人始于法之起因之观念,可以大明。

法字之语源

我国文"法"之一字,与刑律典则式范等字,常相为转注,今释其文以求其义。

一释法　法本字为灋,《说文》"灋"下云:"刑也,平之如水,从水,廌所以触不直而去之,从廌去。"今案,《说文》"廌"下云:"解廌,兽也,似牛,一角。古者决讼,令触不直者。"然则水取平之意,从廌去,取直之意,实合三之会意字也。法之语源,实训平直,其后用之于广义,则为成文法律之法,用之于最广义,则为法则方法之法,实展转叚借也。《释名》云:"法,逼也。莫不欲从其志,逼正使有所限也。"此虽非最初义,然与近世学者所言法之观念甚相接近,所谓莫不欲从其志者,言人人欲自由也,使有所限者,自由有界也。逼者,即强制、制裁之意,而制裁必轨于正,盖我国之观念则然也。

二释刑　《说文》"灋"下云,刑也,而刀部有刑字,无荆字;"刑"下云,剄也;"剄"下云,刑也,二字转注,然则刑之本义甚狭,谓剄人之颈而已。段注云:"荆罚典刑仪荆等字,以刑当之者,俗字也,造字之恉既殊,井声开声各部,凡井声在十一部,凡开声在十二部也。"然则刑不足以当荆,而荆之义究云何?《说文·土部》"型"下云,"铸器之法也",是正与法为转注,段注云:"以木为之曰模,以竹曰范,以土曰型。"而许书《木部》模下、《竹部》范下皆训法,是亦转注也。《诗毛传》屡云荆,法也,亦转注也,易曰"利用荆人,以正法也",是荆含有正之意。《荀子·强国篇》云:"荆范正。金锡美。"是荆以正为贵也。《记·王制》云:"荆,俪也,俪成也,一成而不可变,故君子尽心焉。"一成不变,正与型之性质相合,其字又与形通,《左传》引《诗》:"形民之力,而无醉饱之心。"杜注云:"形同刑,程量其力之所能为而不过也。"然则荆有形式之意,模范之意,程量之意,故典荆仪荆等字,皆备此诸义,所以从井者,井之语源,出于井田,《说文》"井"下云:"八家为一井,象构韩形。"盖含有秩序意。"故井井有条"、"井然不紊",皆以井为形容词。又《易·井卦》:"改邑不改井。"王注云:"井以不变为德者也。"然则井也者,具有秩序及不变之两义者也。从刂者,刀以解剖条理,故制字则字等皆从之也。然则《说文》虽无荆字,今可以意补之云:"荆法也,从刀从井,井亦声。"而下其定义,则当云,荆也者,以人力制定一有秩序而不变之形式,可以为事物之模范及程量者也,是与法之观念极相合也。

三释律 《说文》"律"下云:"均布也",段注云:"律者,所以范天下之不一而归于一。故曰均布。"桂氏馥《义证》云:"均布也者,义当是均也布也。《乐记》,乐所以立均,《尹文子·大道篇》,以律均清浊,《鹖冠子》,五声不同均,《周语》,律所以立均出度也。"案《说文》之训,桂氏之释,皆能深探语源,确得本意,盖吾国科学发达最古者,莫如乐律,《史记·律书》云:"王者制事立法,物度轨则,壹禀于六律,六律为万事根本焉。"书言同律度量衡，而度量衡又皆出于律《汉书·律历志》云："夫律者，规圆矩方，权重衡平，准绳嘉量，探赜索隐，钩深致远，莫不用焉。故曰万事根本也。"夫度量衡自为一切形质量之标准，而律又为度量衡之标准，然则律也者，可谓一切事物之总标准也，而律复有其标准焉，曰黄钟之宫。黄钟之宫者，十二律中之中声也，以其极平均而正确，故谓之中声。所以能为标准之标准者，以其中也，故律者，制裁事物之最严格者也。《左传》云："先王之乐。所以节百事"，是其义也孟子又言，不以律不能正音。盖乐之为理。十二律固定不动，而五音回旋焉，若众星之拱北辰。然则律者，非徒平均正确，而又固定不动者也，综上诸义以下其定义，则律也者，平均正确，固定不动，而可以为一切事物之标准者也。《国语》云，律所以立均出度。是明其平均正确之义。《释名》云，律累也。累人心使不得放肆也。是明其为事物标准之义。其后展转假借，凡平均正确固定可为事物标准者，皆得锡以律之名，《易》曰："师出以律。"孔疏云，律，法也，是法律通名之始也，自汉以还，而法遂以律名。《史记·萧相国世家》云，独先入，收秦律令。《杜周传》云，前主所是，著为律。《汉书·刑法志》云，不若删定律令。是皆以律名法也。

四释典　《诗》仪式刑文王之典，《毛传》云，典常也。《广韵》"典"下云，主也，常也，法也，经也。《说文》"典"下云："五帝之书也，从册在丌上，尊阁之也。"是典之本义，为尊贵之书册，而吾国人有尊古之习，视之与法同科也。下方更详述其理例训常训经，皆示固定性也。

五释则　《说文》"则"下云："等画物也，从刀贝，贝古之物货也。"段注云："等画物者，定其差等而各为介画也，物货有贵贱之差。故从刀介画之。"余谓古者以贝为货币,而货币之用,在于《易》中,《易》中义见严译《原富》故能权物之贵贱而等差之者,莫如贝,故曰等物。齐之如刀切焉,故曰画物,从贝以示等。从刀以示画,会意字也。盖含均齐秩序之意,既差等而犹命之曰均齐者。《孟子》曰,物之不齐,物之情也。本不齐者,因其等而等之,是即所谓齐也,故吾国文所谓"则"。常以为"自然法"之称,《易》乃见天则,《诗》天生烝民,有物有则是其义也,然既从刀,则人事寓焉,故"人为法"亦得适用之。《周礼》以八则治都鄙,郑注云则亦法也。

六释式 《说文》"式"下云:"法也,从工弋声。"又云:"工巧饰也,象人有规矩。"段注云:"直中绳,二平中准,是规矩也。"是则式之取义在工,而工含有衡度之意,衡度者,以中正平均为体用者也。《周礼》以九式均节财用,郑注云:"式谓节度",实确诂也。

七释范 《说文》无範字,竹部"笵"下云:"法也。竹简书也,古法有竹刑。"段注云:"通俗文曰规模曰笵,元应曰,以土曰型,以金曰镕,以木曰模,以竹曰笵,一物材别也。"说与《说文》合,然则笵与型同义,型即荆也。《考工记》"轪前十尺",郑注云:"《书》或作轨。轨,法也",然则在车曰轨,範乃后定之字。婳合笵轨二文而成也,《易·系辞》:"範围天地之化而不过",郑注云:"範,法也。"《书·洪范》《伪孔传》云:"洪,大。範,法也。言天地之大法。"(《史记·宋世家》《集解》引郑玄曰:不与天道大法。是《伪孔》本于郑也。)然则範亦为法之名,而其义又全与法同也。

17

此外与法互训之字尚夥,匪暇殚述。综上所举,则吾国古代关于法之概念,可以推见焉曰:法也者,均平中正,固定不变,能为最高之标准以节度事物者也。

　　其在希腊,毕达哥士曰,法律者,正义也。柏拉图曰,正义一称法律。喀来士布曰,法律者,正不正之鹄也。其在罗马,锡尔士曰,法律者,术之公且善者也。哥克曰,法律不外正理。凡此者,近世学者字之曰"正义说",此与吾国法、语源皆略同,而吾国更有固定不变之意,是其特色也。当法治主义未兴以前,吾国人关于法字之解释,率类是。

旧学派关于法之观念

我国法律思想完全发达，始自法家，吾故命法家为新学派，命法家以前诸家为旧学派，而旧学派中，复分为三，一曰儒家，二曰道家，三曰墨家。其关于法之观念，亦各各不同，今以次论之。

第一节 儒家

吾前述法字之语源，而解释其定义，谓法也者，均平、中正、固定不变，可以为最高之标准以节度事物者也，儒家关于法之观念，即以此定义为衡者也。夫既以均平、中正、固定不变为法之本质，然则此均平中正、固定不变者，于何见之，于何求之，是非认有所谓自然法者不可，而儒家则其最崇信自然法者也。《诗》曰"有物有则"，言有物斯有则，则存于物之自身也，此其义之最显著者也，是故儒家关于法之观念，以有自然法为第一前提，今述其说。

（《易·系辞》）天尊地卑，乾坤定矣。卑高以陈，贵贱位矣。动静有常，刚柔断矣。方以类聚，物以群分。吉凶生矣。在天成象，在地成形，变化见矣。

（又）圣人有以见天下之赜，而拟诸形容，象其物宜。圣

> 人有以见天下之动,而观其会通,以行其典礼。言天下之至赜,而不可恶也,言天下之至动,而不可乱也。
>
> (又)是以明于天之道,而察于民之故,是兴神物,以前民用。一合一辟谓之变,往来不穷谓之通。见乃谓之象,形乃谓之器,制而用之谓之法。
>
> (《记·乐记》)天高地下,万物散殊,而礼制行矣。流而不息,合同而化,而乐生焉。

儒家极崇信自然法,凡一切学说靡不根于此观念,不可殚述。而《系辞传》二篇,其发之最邕者也。孟德斯鸠云,靡异不一,靡变不恒。(严译为,其参差者,其一定也。其变化者,其不易也。)而《易》之一书,实专阐此理,观其异者变者,而思于其间焉。求其一者恒者,曷为思求之,谓求而得焉,则可据之以制定平均、中正、固定不变之法,以福利天下也。孔子五十以学《易》,学此物而已,盖孔子认此物为客观的具体的独立而存在,而自苦人智之有涯,不足以穷之,故虽学至老而犹欿然也。孔子之志,在求得自然法之总体,以制定人为法之总体,即未能得亦当据其一部分,以制定一部分,要之凡人为法不可不以自然法为之原。此孔子所主张也。

法之最广义,举一切物之伦脊皆是也。其次广义,则限于人类社会。人类社会之自然法,于何求之,亦曰求诸人类社会之自身而已,今述其学说。

> (《记·中庸》)率性之谓道。道也者,不可须臾离也。
>
> (又)子曰:道不远人,人之为道而远人,不可以为道。
>
> (《孟子·告子上》)恻隐之心,人皆有之;羞恶之心,人皆

有之；恭敬之心，人皆有之；是非之心，人皆有之。恻隐之心，仁也；羞恶之心，义也；恭敬之心，礼也；是非之心，智也。仁义礼智，非由外铄我也，我固有之也。

（又）故凡同类者，举相似也，何独至于人而疑之？（中略）口之于味也，有同嗜也；易牙先得我口之所嗜者也。如使口之于味也，其性与人殊，若犬马之与我不同类也，则天下何嗜皆从易牙之于味也？至于味，天下期于易牙，是天下之口相似也。（中略）至于心独无所同然乎？心之所同然者何也？谓理也义也。

孟子此论，证明人类之有普通性，而普通性即自然法之所从出，此最完满之理论也，故自然法亦称性法。（荀子不认有自然法，下方论之。）

既有自然法，则自然法必先于人定法，至易明也。（孟德斯鸠《法意》云，物无论灵否，必先有其所以存；有其所以存，斯有其所以存之法。又曰，公理实先于法制。其言所以存之法，即公理也，所谓自然法也。法制则人定法也。根本观念与儒家正同。）《系辞传》称，仰以观于天文，俯以察于地理，近取诸身，远取诸物，于是始作八卦，此所谓自然法也。下复言盖取诸离，盖取诸益，盖取诸噬嗑，盖取诸乾坤，盖取诸涣，盖取诸随，盖取诸豫，盖取诸小过，盖取诸睽，盖取诸大壮，盖取诸夬。离益噬嗑乾坤涣随豫小过睽大壮夬，皆自然法也，取之而制定种种事物，所谓人定法也。故《记·礼运》曰，夫礼之初，始终饮食。又曰，饮食男女，人之大欲存焉；死亡贫苦，人之大恶存焉。此言人类受生伊始，即有普通性，及既为群，此普通性益交错而现于实，遂成所谓自然法者。而当由何道焉得应用此自然法，以制为人定法，正立法者所当有事也。

欧西之言自然法者，亦分二宗：一曰有为之主宰者，孟德斯鸠之徒是也；二曰莫为之主宰者，赫胥黎之徒是也。而我国儒家之自然法，则谓有主宰者也，学说甚繁，略举一二。

（《易·象传》）乾元用九，乃见天则。

（《诗》）天生烝民，有物有则。

（《左传》）民受天地之中以生，所谓命也。是以有动作威仪之则，以定命也。

（《易·系辞传》）天垂象，圣人则之。

（《书》）天叙有典，敕我五典五惇哉。天秩有礼，自我五礼有庸哉。

（又）永畏惟罚，非天不中。

（《诗》）不识不知，顺帝之则。

（《书》）天乃锡禹洪范九畴，彝伦攸叙。

其他儒家言天者甚多，不可悉举，仅举经传中言关于法之观念者如下。盖宇宙有自然法，存于人物之自身。而人物自身，何以能有此自然法，则天实赋之，故天为自然法之渊源，此儒家之说也。天亦谓之命，故曰，天命之谓性。《记》称夏道尊命，即此物也。《论语》曰，不知命无以为君子。《记·中庸》曰，思知人不可以不知天。皆欲知此自然法之所从出，而体之以前民用也。（儒家屡言命，若非以此解之，义不知其所谓。）

儒家言人为法，不可不根本于自然法，顺自然法本天，非尽人所能知也，则其道将穷，于是有道焉，使自然法现于实者。曰圣人。圣人之言,即自然法之代表也。圣人之言何以能为自然法之代表,儒家谓圣人与天同体者也,否则直接间接受天之委任者也,否亦其智足以知天者也。六经六纬之微言,皆称圣人无父,感天而生,故有青帝灵威仰、赤帝赤熛怒、黄帝含枢纽、白帝白招拒、黑帝汁光纪,谓之五感生帝,而太昊、炎帝、黄帝、少昊、颛顼配之。为五人帝,是圣人为天之化身。圣人即天也,故直以其意为天之意,其言为天之言,其法为天之法。"典"本五帝之书,而竟变成为一种法之名,盖以此也。此种观念,视他国之神意说,其程度之强,尚有过之。惟耶稣《新约》,差可比伦耳。所谓直接受天之委任者,《书》曰,天乃锡禹,洪范九畴。《诗》曰,帝谓文王,不大声以色,不识不知,顺帝之则。《汉书·五行志》曰,虙羲氏继天而王,受《河图》,禹治洪水,赐《洛书》。《春秋元命苞》曰,河以通乾出天苞,洛以流坤吐地符。河龙图发,洛龟书成,《河图》有九篇,《洛书》有六篇。《隋书·经籍志》纬书类,有《河图》二十卷,《河图龙文》一卷。注云:《河图》九篇,《洛书》六篇。自黄帝至周文王所受本文,又别有三十篇,云自初起至孔子九圣所增演。《宋书·符瑞志》曰,成王周公时,洛出龟书,而《书·顾命》亦言天球河图在东序。《记·礼运》亦言河出马图。《论语》述孔子语,乃云河不出图,吾已矣夫。计河洛图书之为物,见于经纬者不下百数。(《洪范》一篇,古说皆认为即《洛书》之文。自初一曰五行,至威用六极,凡六十五字。谓禹所受,本文其以下则后圣之解释也。)即不信纬,安能不信经记,即不信经记,安能不信《论语》。而其怪诞既若是,以今日理想衡之,虽扶床之孙,犹不能起信。而孔子及两汉大儒津津言之何也,乃读西史,见来喀瓦士制《斯巴达法典》,云直受诸亚波罗神。摩哈默德之造《可兰经》,云直受诸天使加布里埃。乃至犹太之《摩西法典》、印度之《摩奴法典》、希腊之《绵尼法典》,语其来历,莫不皆同,乃知此实初民之共通观念,非惟我国有之。而我国所流传,实本诸口碑,非出自臆说也,然以孔子而犹迷信之,何也?孔子之学说,既认有自然法,复认自然法之出于天,然则宜操立法权者惟天耳,天既不言,而感生化身之帝王,又绝迹于后世。然则后之有天下者,必天牖其衷,乃可创法改制,故六经大义,皆言应天受命,制礼作乐。(儒家视礼乐法制同物,前已屡言之。)凡以法之渊源出于天也。(董子曰,道之大原出于天。道即自然法也。)而受命必有符,则龙龟鸟书等是也。受命之符,口碑所传也,必受命而后立法,则儒家之大义,与自然法天定法之主义相一贯者也。申而言之,则非为受命故改制,实为改制故受命也。孔子学《易》以求自然法,既有所得,思欲据之,制为人定法以易天下。然受命之符,久而未至,沉吟不敢自信,故叹曰,凤鸟不至,河不出图,吾已矣夫。洎夫麟获西狩,《书》降端斗,然后制作之业托始焉。此其义必有所受,而非可尽指为秦火以还之附会者也。(西狩获麟、受命之符,此明见于经传不容疑者也。然汉儒言孔子受命者,犹不止此。《公羊》哀十四年《解诂》引《春秋演孔图》云,天降血书鲁端门内,子夏明日往视之。血书飞为赤鸟,化为白书。署曰:《演孔图》中有作法制图之象。孔子仰推天命,俯察时变,却观未来,豫解无穷。故作拨乱之法,诸如此类,不遑殚述。盖前汉儒者无不笃信受命改制之说,至后汉始渐有疑者,而郑康成据以注群经。此实犹孔门家法,非汉儒附会也。)夫在程度幼稚之社会固不能无所托以定民志,而况夫既持道本在天之说,则一切制作自不得不称天而行,理论相因所当然也,犹之大权在君主之国。一切法律,不得不以君主之名名之。亦理论相因所当然也,故不得不以此等神秘之说为儒家诟病也。

夫与天同体之圣人，其最贵者也；直接受天委任之圣人，其次贵者也。然直接受天委任之圣人，亦间世而不一遇，于是乎有知足以知天者，亦称为圣人，认其有立法及解释法之权，盖谓其能知自然法也。故《易·系辞传》曰，天地设位，圣人成能。又曰，知变化之道者，其知神之所为乎？又曰，参伍以变，错综其数，通其变，遂成天下之文；极其数，遂定天下之象。又曰，天生神物，圣人则之，天地变化，圣人效之，天垂象见吉凶，圣人象之，河出图，洛出书，圣人则之。凡此所谓圣人，皆谓其知足以知天者也，而《记·中庸》所论，尤为博深切明，今述而引申之。

（《记·中庸》）惟天下至诚，为能尽其性。能尽其性，则能尽人之性。能尽人之性，则能尽物之性。能尽物之性，则可以赞天地之化育。可以赞天地之化育，则可以与天地参矣。其次致曲，曲能有诚，诚则形，形则著，著则明，明则动，动则变，变则化，惟天下至诚，为能化。

（又）至诚之道，可以前知。国家将兴，必有祯祥；国家将亡，必有妖孽。见乎蓍龟，动乎四体。祸福将至，善必先知之；不善，必先知之，故至诚如神。

（又）惟天下至诚，为能经纶天下之大经，立天下之大本。

《中庸》所谓至诚，即圣人也。惟至诚能经大经、立大本，言惟圣人乃能立法也。然所以能立法者非他，以其如神也。以其与天地参也，其何以能如神，何以能与天地参，则全以能尽其性故。此实甚深微妙之论也。盖人类莫不有其普通性，人类与众生，又有其相共之普通性。（人类既有与众生相共之普通性，又自有其普通性。以人类自有普通性对于人类众生共有之普通性,则彼自有之普通性亦可谓人类之特别性也明。论理学上内包、外延之公例,自能知之。日本法学博士筧克彦氏所著《法学通论》最能发明此义。可参观。)此普通性,有赋命之者,维持之者,则天是也。(不认有造化主者,则谓别无一主体焉为赋命之、维持之,而儒家则认有造化主者也。)圣人亦人类也,故圣人之性,即人类之普通性,亦即众生之普通性。(筧博士所谓自我)性体无二,(华严所谓性海)故能尽其性者,必能尽人类之性,随即能尽众生之性。(如人类有能饮食之机能,众生亦有能饮食之机能。我既能饮食,则人类之此机能乃至众生之此机能,我皆具之矣。故孟子曰,万物皆备于我。)而性之大原出于天,故能尽其性以尽普通性者,即其与天合德而与天参者也。故《易·文言传》又曰,夫圣人者,与天地合其德,先天而天弗违,后天而奉天时也。(佛说言一切众生,有起一念者,佛悉知之。何以能如此,因性体本普通而无二也。是即能尽人性,即能尽物性之说也,是即至诚可以前知之说也。夫既认有自然法,复认自然法存于人物之自身,而自然法则固定不变者也。然则能前知不亦宜乎?儒佛皆认自然法存于众生之自身,而儒家则谓天实赋之;佛家则谓自造因而自受果也。此其所以异也。儒家则认有客观的为之主宰者,佛家则全尊主观而不认主宰者之独立存在也。)

故儒家之论,其第一前提曰有自然法,其第二前提曰惟知自然法者为能立法,其第三前提曰惟圣人为能知自然法。次乃下断案曰,故惟圣人为能立法。而第三前提所谓圣人者,复分三种,第一种为天化身之圣人,第二种受天委任之圣人,第三种与天合德之圣人。盖自然法出于天,故能知自然法之圣人,必其与天有关系者也,此其论理之一贯者也。夫第三种之圣人,则其范围甚广矣,凡属人类,皆可以为圣人。孟子曰,人皆可以为尧舜是也。夫谓凡属人类,皆可以为圣人者何也?吾有此普通性,圣人亦有此普通性，普通性既同，自可以相学而能，此亦其论理之一贯者也。盖儒家之意，欲使人人皆为能立法之人，特未达其程度，则不能有其资格耳。而孔子立教之目的，则在是也。

《中庸》谓至诚之道可以前知，闻者或疑焉，不知此亦其论理之一贯者也。盖既认有自然法，而自然法实先于宇宙万有而存立，取宇宙万有而支配之者也。宇宙万有，生存运动于自然法之下，有一定之格、一定之轨而不能逾越，然则既能知自然法者，其于宇宙万有之若何生存、若何运动，岂不较然若指诸掌乎？夫知天文学公例者，则于日食星孛，可以前知；知物理学公例者，则于鹰化虹见，可以前知，皆以自然法绾之而已。近世学者于自然界现象，靡不信有自然法；至心理界现象，则或疑自然法之不能成立。（自然界现象指凡一切物有客观的一体之存在者也，如动植物体乃至天体、人体等皆是也。心理界现象者，不能截然有客观的一体之存在者也，如人类社会中之各现象是也。人类社会由人类心理合集而成，而心理能自由活动，故或疑其不能有一定之自然法。）若儒家言，则谓心理界现象，亦支配于自然法之下，与自然界现象无异，故曰一切可以前知也。而研究此自然法，则儒家所认为最大之事业也。

然儒家固非绝对的不认心理界现象与自然界现象之区别，故其研究支配人类之自然法，亦常置重于人类心理。孟子所谓心之所同然者是也。然其此论，又未尝不与"自然法本天"之观念相一贯，盖谓人心所同然者，受之于天，故人心所同然，即天之代表也；而得人心之所同然者，则其已受天之默许者也。若是者，吾名之为间接受委任于天之圣人，谁问之？民问之也。今述其说。

（《书》）民之所欲，天必从之。

（又）天聪明，自我民聪明。天明畏，自我民明畏。

（又）天视自我民视，天听自我民听。（《孟子》引《泰誓》语，《伪古文》采之。）

（《孟子·万章上》）万章曰："尧以天下与舜，有诸？"孟子曰："否，天子不能以天下与人。""然则舜有天下也，孰与之？"曰："天与之。""天与之者，谆谆然命之乎？"曰："否，天不言，以行与事示之而已矣。"（中略）"昔者尧荐舜于天而天受之，暴之于民而民受之。故曰，天不言。以行与事示之而已矣。"（中略）"舜相尧二十有八载，非人之所能为也，天也。尧崩，三年之丧毕，舜避尧之子于南河之南。天下诸侯朝觐者，不之尧之子而之舜；讼狱者，不之尧之子而之舜；讴歌者，不讴歌尧之子而讴歌舜，故曰天也。"（下略）

（又）万章问曰："人有言，至于禹而德衰。不传于贤，而传于子，有诸？"孟子曰："否，不然也，天与贤，则与贤；天与子，则与子。昔者舜荐禹于天，十有七年，舜崩，三年之丧毕，禹避舜之子于阳城。天下之民从之，若尧崩之后不从尧之子而从舜也。"（下略）

（《左传》桓六年）夫民，神之主也。

准是以谈，则儒家认人民之公意，与天意有二位一体之关系。孟子答万章问，其断案皆归诸天，而例证则举诸人民，盖谓民意者，天意之现于实者也。荀子谓，善言天者必有征于人，盖谓此也。然人民之意何以能指为与天意同一体？儒家之说，谓人与天本一体也。试述之。

(《春秋繁露·为人者天》篇)人之人本于天,天者人之曾祖父也,此人之所以上类天也。人之形体,化天数而成。人之血气,化天志而仁。人之德行,化天理而义。(中略)天之副在人,人之情性有由天者矣。

(又《观德》篇)况生天地之间,法太祖先人之容貌。(案,太祖,先人谓天也。)

(又《天地阴阳》篇)圣人何其贵者?起于天,至于人而毕,毕之外谓之物。人超然于万物之上,而最为天下贵者也。人下长万物,上参天地。

凡此皆言人与天本为一体,夫至形体、血气、德行,皆由天所化,然则其为一体也审矣。此非董子之私言,实孔门之大义也。质而言之,则人类之普通性,实与天共之者也。

夫立法者既不可不以自然法为标准矣,自然法既出于天意矣;而人民之公意,即天意之代表也。故达于最后之断案,则曰,人民公意者,立法者所当以为标准也。欧洲十七八世纪之学者,主张自然法说,随即主张民意说,惟儒家亦然,故《记·大学》曰,民之所好好之,民之所恶恶之。《孟子》曰,所欲与之聚之,所恶勿施尔也。经传中说此义者,不可枚举。民意之当重何以若是,则以其与天意一体而为自然法所从出也。若夫人民公意于何见之,则儒家之所说,与十七八世纪欧洲学者之所说异。盖儒家以为非尽其性者不能尽人之性,故人民之真公意,惟圣人为能知之,而他则不能也。《易·系辞传》曰,是以明于天之道,而察于民之故,是兴神物,以前民用,圣人以此斋戒,以神明其德。《记·礼运》曰,故圣人耐(郑注:耐,古能字。)以天下为一家、中国为一人者,非意之也,必知其情,辟于其义,明于其利,达于其患然后能为之。(谓人情、人义、人利、人患也。参观本文。)皆此义也,盖欧洲之自然法学派,谓人民宜为立法者,儒家则谓惟知人民真公意所在之人,宜为立法者,而能知人民真公意所在者惟圣人,故惟圣人宜为立法者也。故同主张人民公意说,而一则言主权在民,一则言主权在君,其观察点之异,在此而已。夫儒家既谓人定法必当以自然法为标准,则凡法之不衷于自然法者,儒家所不认为法者也。又既谓圣人与"自然法之创造者"(即天)有密切之关系,故圣人所定之法,儒家所认为法者也。夫儒家所认为法者,必其与自然法一致者也,而自然法者,一定而不易者也,故儒家言法之观念,自不得不畸于保守主义,论理之一贯使然也,故曰因而损益,百世可知也。又自然法者,非一般人所能知者也,故儒家言法之观念,自不得不取君主立法主义,亦论理之一贯使然也,故曰非天子不议礼不制度也。然君主亦非尽人而能知自然法,必圣人乃能知之,然则后世之为君主而非圣人者,其于前代圣君之法,惟宜遵守而不可妄有所更革。故儒家言法之观念,益不得不以君主立法主义与保守主义相结合,又论理之一贯使然也。故曰遵先王之法而过者,未之有也。

然则春秋家言孔子改制者非耶,夫改制则与保守主义相反,以布衣而改制,又与君主立法主义相反,而春秋家言此也何居?应之曰,不然,孔子所谓改制者,非与前圣之法不相容也。前圣之法,不过能发明自然法之一部分,而孔子则欲发明其全部分,而因以泐成一完备之人定法,使万古不易也。其为改也,正所以为无改之地也,而孔子既为知足以知天之圣人,又为直接受天委任之圣人,故得行天子之事而有立法权也。故孔子改制之义,与儒家主义之大体未尝矛盾也。

据上所述，则儒家于其所持法之观念，其论之也，可谓首尾相应，盛水不漏者矣。虽然，儒家认道与礼与法为同物者也，而此三者果同物乎？自然法果可应用之于心理界现象，而使一切人定法悉由之出乎？即可应用之，而彼自然法之全部分果能以人智尽发明之乎？儒家观念之确与不确，当于此焉判之。

儒家中惟荀子之说，微有异同。荀子不认有自然法者也，随而不取法原本天之说，而惟以人定法为归。今复述其说而诠释之。

> （《性恶》篇）（前略）然则从人之性，顺人之情，必出于争夺，合于犯分乱理而归于暴，故必将有师法之化，礼义之导，然后出于辞让，合于文理而归于治。（中略）古者圣王，以人之性恶，以为偏险而不正，悖乱而不治，是以为之起礼义制法度，以矫饰人之情性而化之。（中略）今人之性，饥而欲饱，寒而欲煖，劳而欲息，此人之情性也。今人饥，见长而不敢先食者，将有所让也，劳而不敢求息者，将有所代也。夫子之让乎父，弟之让乎兄，子之代乎父，弟之代乎兄，此二行者，皆反于性而悖于情者也。然而孝子之道，礼义之文理也，故顺情性则不辞让矣，辞让则悖于情性矣。

荀子以性为恶，自不得复认有自然法，论理之一贯使然也。荀子谓人类于生理上既为自然法所支配，而生理上之利不利，与心理上之正不正，常相冲突，故于彼方面既认有自然法，则于此方面势不得复认有自然法，借曰有之，亦其不足以为正不正之标准者也。更申言之，则荀子者，谓支配社会之良法，其恒反于自然者也。故荀子言正不正之标准，不以天而惟以圣人，请举其说。

（《性恶》篇）圣人积思虑，习伪故，以生礼义而起法度，然则礼义法度者，生于圣人之伪。非故生于人之性也。（中略）故圣人化性而起伪，伪起于性而生礼义，礼义生而制法度。然则礼义法度者，是圣人之所生也。

（《王制》篇）天地者生之始也，礼义者治之始也，君子者礼义之始也，故天地生君子，君子理天地。

（《礼论》篇）礼有三本，天地者生之本也，先祖者类之本也，君师者治之本也。

（又）天能生物，不能辨物也。地能载人，不能治人也，宇中万物生人之属，待圣人然后分也。

（《天论》篇）天行有常，不为尧存，不为桀亡，应之以治则吉，应之以乱则凶。（中略）天有其时，地有其财，人有其治，夫是之谓能参。舍其所以参而愿其所参，则惑矣。（中略）惟圣人为不求知天。

（又）人之命在天，国之命在礼。（中略）大天而思之，孰与物畜而制之；从天而颂之，孰与制天命而用之。

由是观之，荀子谓天惟能生物而不能立法，能立法者惟圣人，而圣人既受生于天之后，则与天相对待，既非天之一体，又非受天之委任者也，此其与普通儒家之观念绝相反者也。荀子贱性而尊伪，伪也者人为也。（杨注云：伪，为也。凡非天性而人作为之者皆谓之伪，故为字人傍，会意字也。）故绝对的不认有自然法，（性者自然也。）而惟认有人为法，然又言惟圣人为能起伪，故谓可为人为法之标准者，惟圣人也。其言圣人可为法之标准，与普通儒家同；其言圣人所以可为法之标准之故，则与普通儒家异。实则圣人以何因缘而可以为法之标准，此荀子所未言及也。

荀子极尊孔子，谓孔子所立之法，可以为一切法之标准。其言法后王，谓孔子也。夫孔子固亦欲自以其所立法为一切法之标准，虽然，孔子之所以自信者，谓其能知自然法而应用之也。即孔子所以尊前圣人者，亦谓其能知自然法而应用之也。若荀子既不认自然法，徒以其为圣人为孔子也而尊之，然则毋乃近于无理由之盲从矣乎，故就论理上首尾相应之点观察之，荀子之不逮孔子明矣。

然则推荀子之论，必归结于贵人而贱法，故其言曰：

（《君道篇》）有治人无治法。（中略）法不能独立。（中略）得其人则存，失其人则亡。（中略）君子者法之原也，故有君子，则法虽省，足以遍矣；无君子，则法虽具，失先后之施，不能应事之变，足以乱矣。

此其言虽未尝不含一面之真理，然人也者，非可操券而得者也。圣人君子，闻世而不一遇。专任人而不任法，此所以治日少而乱日多也。（荀子又以尊君为主义。君之贤也更难遇，故其说益不完。）孟子曰，徒法不能以自行，徒善不足以为政，贤于荀子远矣。

虽然，荀子言自然法之不能成立，此则虽孔子恐无以难之。何也，自然法一成不变者也，而人类心理，自由活动者也。以自由活动之心理，果能如自然界现象以一成不变之自然法支配之乎，此最不易武断者也。而自然法者，儒家之根本观念也，此根本观念破,则儒家之基础已摇,此法家说所以蹈其隙而起也。

第二节 道家

道家亦认有自然法者也。虽然,其言自然法之渊源,与自然法之应用,皆与儒家异。老子曰,人法地,地法天,天法道,道法自然。又曰,功成事遂,百姓皆谓我自然。又曰,希言自然。又曰,以辅万物之自然而不敢为。凡道家千言万语,皆以明自然为宗旨,其绝对的崇信自然法,不待论也。虽然,彼不认自然法为出于天,故曰,天法道,道法自然。又曰,有物混成,先天地生。又曰,天下万物生于有,有生于无。又曰,有名天地之始,无,名万物之母。其意盖谓一切具体的万有,皆被支配于自然法之下,而天亦万有之一也,故天亦自然法所支配,而非能支配自然法者也,而自然法不过抽象的认识,而非具体的独立存在也。故曰,恍兮忽兮,其中有象。夫自然法之本质既已若是,是故不许应用之以为人定法,苟应用之以为人定法,则已反于自然法之本性矣。故曰,三十辐共一毂,当其无有车之用;埏埴以为器,当其无有器之用。又曰,大制不割。又曰,物或益之而损。又曰,夫代大匠斲者,希有不伤其手矣。故绝对的取放任主义,而谓制裁力一无所用,非惟无所用,实不可用也。故儒家所以营营焉经画人定法者,曰惟信有自然法故。道家所以悄悄然排斥人定法者,亦曰惟信有自然法故。故道家对于法之观念,实以无法为观念者也。既以无法为观念,则亦无观念之可言。

第三节　墨家

墨家之持正义说及神意说,与儒家同,独其关于自然法之观念,与儒家异,试列举而比较之。

(《墨子·天志篇下》)子墨子置天志以为仪法。

(又《法仪篇》)天下从事者不可以无法仪。(中略)故百工从事,皆有法所度。今大者治天下,其次治大国,而无法所度,此不若百工,辩也。然则奚以为治法而可?当皆法其父母奚若?天下之为父母者众,而仁者寡,若皆法其父母,此法不仁也。法不仁不可以为法。当皆法其学奚若?天下之为学者众,而仁者寡,若皆法其学,此法不仁也。当皆法其君奚若?天下之为君者众,而仁者寡,若皆法其君,此法不仁也。故父母、学、君三者,莫可以为治法。然则奚以为治法而可?故曰莫若法天。(中略)既以天为法,动作有为,必度于天,天之所欲则为之,天所不欲则止。

(又《天志篇中》)故子墨子之有天之意也,上将以度王公大人之为刑政也,(中略)顺天之意,谓之善刑政。不顺天之意,谓之不善刑政。故置此以为法,立此以为仪,将以量度天下,譬之犹分黑白也。

墨子之所谓法仪,谓义是也。故墨家实以正义说为法学之根本观念者也,而正义之源泉。一出于天,故曰兼采正义说与神意说也。

虽然，则关于自然法之观念，不甚明了，盖认有自然法者，必谓自然法先于万有而存在，必谓自然法一成而不可变，是故有所谓"命"者。《记·中庸》所谓可以前知，知此物也，而墨子非命，是不认自然法之存在也。凡语人类社会之法律，而以自然法为标准者，则标准必存于人类社会之自身，人心所同然者，即立法之鹄也，故人民总意说与自然法说恒相随。我国儒家说有然，欧洲十七八世纪学者之说亦有然。墨家不认自然法，因亦不认人民总意，其言曰：

(《墨子·节葬篇下》)今执厚葬久丧者言曰：厚葬久丧，果非圣王之道。夫胡说中国之君子，为而不已，操而不择哉？子墨子曰：此所谓便其习而义其俗者也。昔者越之东有辄沐之国者，其长子生，则解而食之，谓之宜弟。其大父死，负其大母而弃之，曰鬼妻不可与居处。(中略)楚之南有炎人国者，其亲戚死，朽其肉而弃之，然后埋其骨，乃成为孝子。秦之西有仪渠之国者，其亲戚死，聚柴薪而焚之，熏上，谓之登遐，然后成为孝子。此上以为政，下以为俗，为而不已，操而不舍。此所谓使其习而义其俗也。

故墨子绝对的认法律为创造的，而不认为发达的。若惯习法，其为墨家所承认者殆希也，且墨子之排斥人民总意也犹有说。

(《墨子·尚同篇上》)古者民始生未有刑政之时，盖其语人异义，是以一人则一义，二人则二义，十人则十义，其人兹众，则其所谓义者亦兹众。(案，兹同滋，益也)是以人是其义，以非人之义，故交相非也。（中略）天子之所是皆是之，天子之所非皆非之。（中略）察天下之所以治者何也，天子唯能壹同天下之义，是以天下治也。天下之百姓，皆上同于天子，而不上同于天，则菑犹未去也。

由此观之，则墨子谓人民总意，终不可得见，即见矣，而不足以为立法之标准。若儒家所谓民之所好好之、民之所恶恶之者，墨子所不肯承认也。墨子所视为立法之标准者，惟天志而已。而其言天也，又与儒家之言天异，儒家之天，则抽象的；而墨家之天，则具体的也。惟抽象的，故虽不能现于实，而可借人民总意间接以现于实；惟具体的，故必须绝对直接以现于实，其言天之所欲则为天所不欲则止。（《法仪篇》）然天之所欲所不欲，果能绝对的直接的以现于实乎？墨子陈种种之义，以为天所欲者在是在是，所不欲者在是在是。虽然，此不过墨子之主观云然耳，墨子之主观，其果为天志之真相与否，是又不可不待诸天之自白或第三位之评判也。然天之自白与第三位之评判，终不可得，故墨子之言，遂不足以服天下也。准此以谈，则儒墨两家，虽同主张正义说及神意说，然就论理上首尾相贯之点观察之，则墨之不逮儒明矣。

法治主义之发生

当我国法治主义之兴,萌芽于春秋之初,而大盛于战国之末。其时与之对峙者有四:曰放任主义,曰人治主义,曰礼治主义,曰势治主义,而四者皆不足以救时弊,于是法治主义应运而兴焉。今请语其差异之点。

第一节 放任主义与法治主义

放任主义者,以不治为治者也。然欲此主义之实现,必以使民无欲为前提。否亦以使民寡欲为前提。然有欲之民,能使之无乎?多欲之民,能使之寡乎?此必不可得之数也。必不可得,而犹谓放任可以治天下,是此主义已从根本上被破坏而不得存立也。今述当时难放任主义之说。

放任主义者流,既以无治为主义,故主人治、主礼治、主势治、主法治者交敌之。《荀子·性恶篇》曰:

> 今人之性,生而有好利焉,顺是故争夺生而辞让亡焉;生而有疾恶焉,顺是故残贼生而忠信亡焉。生而有耳目之欲、有好声色焉,顺是故淫乱生而礼义、文理亡焉。然则从人之

性，顺人之情，必出于争夺、合于犯分乱理而归于暴。

此论已足摧破放任主义说而有余，而《韩非子·五蠹篇》亦云：

> 古者不事力而养足，人民少而财有余，故民不争，是以厚赏不行，重罚不用，而民自治。今人民众而货财寡，事力劳而供养薄，故民争，虽倍赏累罚，而不免于乱。

此缘老庄一派，好称道上古郅治，故为述社会变迁之势，谓在古代可以放任，而世运愈进，愈不可以放任，此亦其驳论之最有力者也。若其谓法治足以救之者何也，则慎子（《马氏意林引》）曰：

> 一兔走，百人追之，积兔于市，过而不顾。非不欲兔，分定不可争也。

《尹文子·大道上》曰：

> 名定则物不竞，分明则私不行。物不竞非无心，由名定故无所措其心；私不行非无欲，由分明故无所措其欲。然则心欲人人有之，则得同于无心无欲者，制之有道也。

持放任主义者，必以不私不竞为前提，而不私不竞，必以无心无欲为前提。而法家则谓无心无欲，万不可致，而使之不争不竞者，乃别有道，则权利之确定是也。慎子、尹文子此语，实权利观念之滥觞也。《荀子·正名篇》又曰：

> 凡语治而待去欲者,无以道(案,同导)欲而困于有欲者也。

荀子此语,难道家之欲祛私欲而无其道。而荀子所谓道之、节之者,则分也,分即法也。《尹文子·大道上》又曰:

> 道行于世,则贫贱者不怨,富贵者不骄,愚弱者不慑,智勇者不陵。法行于世,则贫贱者不敢怨富贵,富贵者不敢陵贫贱,愚弱者不敢冀智勇,智勇者不敢鄙愚弱。

《管子·明法解》亦曰:

> 故贫者非不欲夺富者财也,然而不敢者,法不使也。强者非不欲暴弱也,然而不敢者,畏法诛也。

此言道德与法律之区别,其义最明。盖持放任主义者,认意志之自由,而行为之自由随之,故所以规律一般行为者,不得不悉仰诸良心之制裁。持法治主义者,虽认意志之自由,而行为之自由,非绝对的承认,故所以规律一般行为者,壹委诸法力之制裁。此道家与法家之大别也。夫以良心自制裁者,必非尽人而能之明矣,于是乎道德说势不能普及,而将有所穷,此法家之所以代兴也。尹文子(同上)又曰:

> 为善使人不能得从,此独善也。为巧不能使人得从,此独巧也。未尽善巧之理,为善与众行之,为巧与众能之,此善之善、巧之巧者也。所贵圣人之治,不贵其独治,贵其能与众

共治,贵工倕之巧,不贵其独巧,贵其能与众共巧也。今世之人,行欲独贤。事欲独能,辩欲出群,勇欲绝众。独行之贤,不足以成化,独能之事,不足以周务。出群之辩,不可以户说,绝众之勇,不可以征阵。

《韩非子·五蠹篇》亦曰:

微妙之言,上智之所难知也。今为众人法,而以上智之所难知,则民无众识之矣。故糟糠不饱者,不务粱肉;裋褐不完者,不待文绣。夫治世之事,急者不得,则缓者非所务也。今所治之政,民间之事,夫妇所明知者,不用。而慕上智之论,则其于治反矣,故微妙之言,非民务也。

凡此皆谓徒任道德,不足以治国而利群也。由此观之,法家固未尝尽蔑视道德,惟以为道德者,只能规律于内,不能规律于外,只能规律一部分之人,不能规律全部分之人,故所当标以律民者,非道德而法律也。(法家语固多有排斥道德者,然辨论之余走于极端,殆非其本意也,而法家言所以不能久者亦以此。)

第二节　人治主义与法治主义

凡社会之初形成国家,其创造之而维持之者,恒借一英雄或数英雄之力,故古代人民,其崇拜英雄之念特甚,谓一切幸福,惟英雄为能我赐;一切患害,惟英雄为能我捍,于是英雄万能、圣贤万能之观念发生焉。而不知英雄、圣贤,固大有造于国家,然其所以能大有造于国家者,非仅恃英雄圣贤自身之力,而更赖有法以盾其后也。由前之说,谓之人治主义;由后之说,谓之法治主义。

儒家固甚尊人治者也,而其所以尊之者,非以其人,仍以其法。盖儒家崇拜古圣人者,谓古圣人为能知自然法,能应用自然法以制人定法也。故儒家者,非持简单肤浅的人治主义,而实合人治、法治以调和之者也。《孟子·离娄上》曰:

> 离娄之明、公输子之巧,不以规矩,不能成方圆。师旷之聪,不以六律,不能正五音。尧舜之道,不以仁政,不能平治天下。今有仁心仁闻,而民不被其泽,不可法于后世者,不行先王之道也。故曰:徒善不足以为政,徒法不能以自行。(中略)故曰:为高必因丘陵,为下必因川泽,为政不因先王之道,可谓智乎?是以惟仁者宜在高位,不仁而在高位,是播其恶于众也。

徒善不可,谓当以法治济人治之穷也;徒法不可,谓当以人治济法治之穷也。故既言不因先王之道不可谓智,又言惟仁者宜在高位,是人与法两相须,实儒家中庸之大义也。

逮法家兴,则排斥人治主义,而独任法治主义。《尹文子·大道下》曰:

> 田子(案,田子,田骈也。)读书曰:尧时太平。宋子(案,宋子,宋钘也。)曰:圣人之治以致此乎,彭蒙在侧。越次答曰:圣法之治以致此,非圣人之治也。宋子曰:圣人与圣法何以异?

> 彭蒙曰：子之乱名甚矣，圣人者，自己出也；圣法者，自理出也。理出于己，己非理也；己能出理，理非己也。故圣人之治，独治者也；圣法之治，则无不治矣。

此言可谓至言，谓治由圣人出者，具体的直觉的也；谓治由圣法出者，抽象的研究的也。理出于己而己非理，己能出理而理非己，此实论理学上正名之要旨，而治科学者所最当审也。如国家由君主统治，而君主非国家；君主能统治国家，而国家非君主，毫厘之辨，而根本观念大相反焉，不可不审也。然此义儒家亦能知之，故孟子曰，圣人先得我心之所同然耳。凡儒家之尊圣人，皆尊其法，非尊其人也。

《尹文子·大道上》又曰：

> 圣王知民情之易动，故作乐以和之，制礼以节之。在下者不得用其私，故礼乐独行。礼乐独行，则私欲寝废。私欲寝废，则遭贤之与遭愚均矣。若使遭贤则治，遭愚则乱，是治乱续于贤愚，不系于礼乐。是圣人之术，与圣主而俱没，治世之法，逮易世而莫用，则乱多而治寡，乱多而治寡，则贤无所贵，愚无所贱矣。

此其言尤为博深切明，夫专制国，则治乱续于贤愚者也；而立宪国，则遭贤与遭遇均者也。必遭贤与遭愚均，然后可以厝国于不敝，若此者非法治无以得之。（尹文子此文谓礼治也。然与法治对举，则礼治、法治为别物；与人治对举，则礼治、法治为同物。此先秦诸哲之所同也。尹文此言，文则礼治而意则法治也。）所贵乎贤者，以其能厝阈

于不敝也,故必为国立法,斯乃可贵,此尹文之意也。《韩非子·难势篇》亦曰:

> 且夫尧舜桀纣,千世而一出。反是比肩随踵而生也,世之治者不绝于中,吾所以为言势者中也,中者上不及尧舜,而下亦不为桀纣。抱法处势则治,背法去势则乱。今废势背法而待尧舜。尧舜至乃治,是千世乱而一治也。抱法处势而待桀纣,桀纣至乃乱,是千世治而一乱也。且夫治千而乱一,与治一而乱千也,是犹乘骥駬而分驰也,相去亦远矣。

此言难人治主义说最为有力,盖言人类至贤至不肖者鲜,惟中人最多,有法则贤者益贤,而中人亦可以循法而不失为贤;无法则惟贤者能贤,而中人则以靡法可循而即于不肖。此立宪与专制得失之林也。前此所言,皆谓人治之不能久,而法治之可以常也,而韩子复论人治之不能周,而法治之可以遍。其言《难一篇》曰:

> 历山之农者侵畔,舜往耕焉,期年圳亩正。河滨之渔者争坻,舜往渔焉,期年而让长。东夷之陶者器苦窳,舜往陶焉,期年而器牢。仲尼叹曰:耕渔与陶,非舜官也,而舜往为之者,所以救败也,舜其信仁乎!乃躬耕处苦而民从之,故曰圣人之德化乎!……或问儒者曰:(中略)且舜救败,期年已一过,三年已三过。(案,已,止也)舜有尽,寿有尽,天下过无已者,以有尽逐无已,所止者寡矣,赏罚使天下必行之。令曰:中程者赏,弗中程者诛。今朝至暮变,暮至朝变,十日而海内毕矣,奚待期年?舜犹不以此说尧令从,已乃躬亲,不亦无术

乎？且夫以身为苦而后化民者，尧舜之所难也。处势而令下者，庸主之所易也将治天下。释庸主之所易，道尧舜之所难未可与为政也。

有难法治说，谓虽有良法，苟不得贤才以用之，而法将无效者，韩子则释之《难势篇》曰：

> （前略）夫曰良马固车，臧获御之，则为人笑，王良御之，则日取乎千里。吾不以为然。夫待越人之善海游者，以救中国之溺人，越人善游矣，而溺者不济矣。夫待古之王良以驭今之马，亦犹越人救溺之说也，不可亦明矣。夫良马固车，五十里而一置，使中手御之，追速致远，可以及也，而千里可日致也。何必待古之王良乎？且御非使王良也，则必使臧获败之；治非使尧舜也，则必使桀纣乱之。此则积辩累辞，离理失实，两未之议也。

此言任人不任法者，人无必得之券，则国无必治之符，所待之人未至，而国已先知亡矣，任法不任人者，法固中材之所能守，而不必有所待也，此挚论也。

《尹文子·大道上》亦云：

> 万事皆归于一，百度皆准于法。归一者简之至，准法者易之极，如此顽嚚聋瞽，可与察慧聪明同其治也。

故韩子又言，苟非以法治者，虽偶治而不可谓之真治，何也？未尝有必治之券存也。其言(《问辩篇》)曰：

夫言行者，以功用为之的彀者也；夫砥砺杀矢，而以妄发其端未尝不中秋毫也，然而不可谓善射者，无常仪的也。设五寸之的，引十步之远。非羿、逢蒙不能必中者，有常也。故有常则羿、逢蒙以五寸的为功，无常则以妄发之中秋毫为拙。

此言专制国虽或偶得英明神武之主，行开明专制，国运骤进，然不能以此自安，以其不能常也，法治国虽进不必骤，而得寸得尺，计日程功。两者比较，惟法治可以为安也。故法家之论，谓人主无论智愚贤不肖，皆不可不行动于法之范围内。此至精之论也，今撮述其说。

(《管子·明法篇》)是故先王之治国也，不淫意于法之外，不为惠于法之内也。动无非法者，所以禁过而外私也。(中略)是故先王之治国也，使法择人，不自举也；使法量功，不自度也。

(又《明法解篇》)明主虽心之所爱，而无功者不赏也；虽心之所憎，而无罪者弗罚也。案法式而验得失，非法度不留意焉，故曰不淫意于法之外。(中略)夫舍公法而行私惠，则是利奸邪而长暴乱也；行私惠而赏无功，则是使民偷幸而望于上也；行私惠而赦有罪，则是使民轻上而易为非也，故曰不为惠于法之内。

(又《任法篇》)不知亲疏远近贵贱美恶，以度量断之，其杀戮人者不怨也，其赏赐人者不德也。以法制行之，如天地之无私也。(中略)今乱君则不然,有私视也,故有不见也;有私听也,故有不闻也;有私虑也,故有不知也。

(又)圣君任法而不任智,任数而不任说,任公而不任私,任大道而不任小物,失君则不然。

(《韩非子·用人篇》)释法术而任心治,尧不能正一国;去规矩而妄意度,奚仲不能成一轮;废尺寸而差长短,王尔不能半中。使中主守法术,拙匠守规矩,则万不失矣。君人者,能去贤巧之所不能,守中拙之所万不失,则人力尽而功名立。

(又《亡征篇》)简法禁而务谋虑者,可亡也;好以智矫法,时以私杂公,法禁变易,号令数下者,可亡也。

(又《饰邪篇》)凡智能明通,有以则行,无以则止,故智能单道。不可传于人,而道法万全,智能多失,夫悬衡而知平。设规而知圆,万全之道也。释规而任巧,释法而任智,惑乱之道也。

(又《奸劫弑臣篇》)人主者,非目若离娄,乃为明也;非耳若师旷,乃为聪也。目必不任其数,而待目以为明,所见者少矣,非不蔽之术也。耳必不因其势,而待耳以为聪,所闻者寡矣,非不欺之道也。明主者,使天下不得不为己视,使天下不得不为己听。

(又《难二篇》)以一人之力禁一国者,少能胜之。

(《慎子·君人篇》)君人者舍法而以身治,则诛赏予夺,从君心出。然则受赏者虽当,望多无穷。受罚者虽当,望轻无已。君舍法以心裁轻重,则同功殊赏,同罪殊罚矣,怨之所由生也。是以分马之用策,分田之用钩,非以策钩为过于人智,所以去私塞怨也。故曰,大君任法而弗躬,则事断于法。法之所加,各以分蒙赏罚,而无望于君,是以怨不生而上下和矣。

　　(《管子·任法篇》)昔者尧之治天下也，犹埴之在埏也，唯陶之所以为，犹金之在垆，恣冶之所以铸。其民引之而来，推之而往，使之而成，禁之而止。故尧之治也，善明法禁之令而已。

以上所举，皆谓非徒就国家方面论，宜任法而毋任人，即就君主方面论，亦宜任法而毋自任，而其言所以不可自任者有三义：一曰自任则不周也，二曰自任则滋弊也，三曰自任则丛怨也，凡以明法治之必要而已。

第三节　礼治主义与法治主义

　　日本穗积陈重博士曰："原始社会者，礼治社会也，举凡宗教道德惯习法律，悉举而包诸礼仪之中。无论何社会，皆礼治先于法治，此征诸古代史及蛮地探险记而可见者也。支那古代，谓礼为德之形。礼也者，行为之有形的规范，而道德之表彰于外者也。当社会发展之初期，民智蒙昧，不能依于抽象的原则以规制其行为，故取日用行习之最适应于共同生活者，为设具体的仪容，使遵据之，则其于保社会之安宁，助秩序的发达，最有力焉，故上自君臣父子兄弟夫妇朋友，下逮冠昏丧祭宫室衣服饮食器具言语容貌进退，凡一切人事，无大无小，而悉纳入于礼之范围。夫礼之范围，其广大如此，此在原始社会，其人民未惯于秩序的生活者，以此制裁之而甚有效，至易见也。及夫社会确立，智德稍进，人各能应于事物之性质,而为适宜之自治行为,无取复以器械的形式制驭之,而固定之礼仪,或反与人文之进化成反比例,此礼治之所以穷而敝也。"(《法学协会杂志》第二十四卷第一号论文《礼与法》)其于礼治主义之起原发达及其得失,言之殆无余蕴矣。

儒家崇信自然法,而思应用自然法以立人定法。其所立之人定法,则礼是也。今先述儒家所言礼之定义。

(《记·乐记》)礼也者,理之不可易者也。

(又)礼者,天地之序也。

(又)大礼与天地同节。

(又《礼运》)夫礼,先王以承天之道,以治人之情。

(又《仲尼燕居》)夫礼,所以制中也。

(又《礼运》)礼也者,义之实也。

(又《礼器》)礼也者,合于天时,设于地利,顺于鬼神,合于人心,以理万物者也。

(又)礼也者,物之致也。

(《荀子·致士篇》)程者,物之准也。礼者,节之准也。

(又《礼论篇》)礼者,断长续短,损有余益不足,达爱敬之文,而滋成行义之美者也。

(《记·乐记》)礼节民心。

(又《礼器》)礼,众之纪也,纪散而众乱。

(又《坊记》)礼者,因人情之节文,以为民坊者也。

(又)夫礼,坊民所淫,章民之别,使民无嫌,以为民纪者也。

(又《乐记》)礼者,所以缀淫也。

（又）礼者，将以平好恶而反人道之正者也。

（又《曲礼》）夫礼者所以定亲疏，决嫌疑，别同异，明是非也。

（又《仲尼燕居》）礼者何也？即事之治也，有其事必有其治。

（又《礼器》）礼也者，犹体也，体不备，君子谓之不成人。

（《说文·示部》）礼，履也。段注云：见《礼记·祭义》。（案，《祭义》云，礼者，履此者也。）《周易·序卦传》，履，足所依也，引申之，凡所依皆曰履。

（孔颖达《礼记正义》引郑玄篇）礼者，体也，履也。统之于心曰体，践而行之曰履。

（又引贺玚说）其体有二，一是物体，言万物贵贱、高下、小大、文质，各有其体；二曰礼体，言圣人制法，体此万物，使高下贵贱各得其宜也。（中略）物虽万体，皆同一履，履无两义也。

综上所述，则礼之定义可得而明焉，曰："礼也者，根本天地之自然法。"而制定之于具体的，为一切行为之标准，以使人民践履之者也。所谓理，所谓义，所谓中，所谓天之道，所谓天地之序、天地之节，皆谓自然法也。有其事必有其治，即有物有则之义也，此自然法本为具体的。当礼之未生以前，先已存在，而圣人则研究之于抽象的，求得其条理，而应用之于事事物物，复制为具体的仪式，以为事事物物之标准而使民率循。（贺氏谓其体有二是也。然谓一物体、二礼体，则不当，当以道体与礼体并列。盖物与事同皆道与礼之目的物而已。）荀子又曰，若夫断之继之，博之浅之，益之损之，类之尽之，盛之美之，使本末终始，莫不顺比，足以为万世则，则是礼也，《礼论篇》是其义也。然则礼也者，一种具体的之人定法，而儒家所认为与自然法有母子血统的关系者也,但既由自然法抽象而来,故虽认为固定体,而固定之程度,比较的不如自然法之强,故儒家谓自然法之道,为绝对的不变者,谓人定法之礼为比较的可变者。今述其说。

(《记·曲礼》)礼从宜,使从俗。

(又《礼器》)礼,时为大,顺次之,体次之,宜次之,称次之。

(又《礼运》)故礼也者,义之实也,协诸义而协,则礼虽先王未之有,可以义起也。

(又《乐记》)三王异世,不相袭礼。

由是观之,则儒家谓礼不纯为创造的,而兼为发达的,制礼者可承认惯习以为礼,犹立法者可承认惯习以为法也,故所重者不在礼之数而在礼之义。《记·郊特牲》云:"礼之所尊,尊其义也。失其义,陈其数,祝史之事也。故其数可陈也,其义难知也。"此犹言法者非徒重法文,而尤重法之精神也。

是故儒家言礼之效用,与法家言法之效用正同。儒家之言曰:

(《记·经解》)礼之于正国也,犹衡之于轻重也,绳墨之于曲直也,规矩之于方圆也。故衡诚县不可欺以轻重,绳墨诚陈不可欺以曲直,规矩诚设不可欺以方圆,君子审礼不可诬以奸诈。

(《荀子·礼论篇》)故绳墨诚陈矣,则不可欺以曲直。衡诚县矣,则不可欺以轻重。规矩诚设矣,则不可欺以方圆。

君子审于礼,则不可欺以诈伪。故绳者直之至,衡者平之至,规矩者方圆之至,礼者人道之极也。

法家之言曰:

(《慎子》)有权衡者不可欺以轻重,有尺寸者不可差以长短,有法度者不可巧以诈伪。(《马氏意林》引)

(《管子·明法篇》)是故有法度之制者,不可巧以诈伪。有权衡之称者,不可欺以轻重。有寻丈之数者,不可欺以长短。

(《尹文子·大道上》)以度审长短,以量受多少,以衡平轻重,以律均清浊,以名稽虚实,以法定治乱。

由是言之,则儒家之言礼,法家之言法,皆认为行为之标准,儒家所谓中礼不中礼,即法家之所谓适法不适法也。二者就形质上就效用上,其观察点全同,虽谓非二物可也。

故儒家以礼为治国治天下唯一之条件,其言曰:

(《孝经》)安上治民,莫善于礼。
(《记·祭统》)凡治人之道,莫急于礼。
(又《礼运》)圣人以礼示之,故天下国家可得而正也。
(又)故治国不以礼,犹无耜而耕也。
(又)故唯圣人为知礼之不可以已也,故坏国丧家亡人,必先去其礼。
(又)是故礼者,君之大柄也。

（又《哀公问》）为政先礼,礼其政之本与。

（又《祭义》）致礼乐之道而天下塞焉,举而措之无难矣。

（又《乐记》）乐至则无怨,礼至则不争,揖让而治天下者,礼乐之谓也。

（又《经解》）故礼之教化也微,其止邪也于未形,使人日徙善远罪而不自知也,是以先王隆之也。

（又《曲礼》）人有礼则安,无礼则危。

此皆极言礼治之效用也。

然儒家关于礼之观念与关于法之观念,亦非全无差别,试举之。

（《论语》）道之以政,齐之以刑,民免而无耻。道之以德,齐之以礼,有耻且格。

（《记·乐记》）礼节民心,乐和民声,政以平之,刑以齐之。礼乐刑政,四达而不悖,则王道备矣。

此所谓刑即法也。（古代所谓刑,其本义即指法律,其引申之义乃为刑罚。法律者,刑字之广义也。刑罚者,刑字之狭义也。说见第三章。）然则礼之与法,散言则通,对言则别。儒家固非尽排斥法治,然以礼治为主点,以法治为补助,盖谓礼治所不能施之范围,然后以法治行之也。然则礼治与法治之范围,亦有界线乎？曰有之。

（《记·曲礼》）礼不下庶人,刑不上大夫。

（《荀子·富国篇》）由士以上,则必以礼乐节之。众庶百姓，则必以法数制之。

《荀子》此文，实《曲礼》彼文之注脚也。刑不上大夫者，刑即广义之刑。谓法也，荀子所谓法数是也。吾国古代，亦有等族制度，士以上即贵族，众庶即平民也，其权利义务，皆沟然悬殊，于是以礼治刑治（法治）严区别之。其所以生此区别者，盖在古代宗法社会，莫不有贱彼贵我之观念，此各国所同，非独我也。英人甄克思曰："宗法社会，以种族为国基，故其国俗，莫不以羼杂为厉禁。方社会之为宗法也，欲入其樊而为社会之一分子，非生于其族，其道莫由。其次则螟蛉蜾蠃之事，然其礼俗至严，非与例故吻合者，所弗纳也。"（严译《社会通诠》第七六叶）坐是之故，其礼俗习故，传自先祖遗训者，常神圣视之，而不许异族适用。故古代法律，非如今之属地主义，而恒取属人主义，皆此之由，此其例证，求诸罗马法最易见。罗马原有之法律，名"周士斯委尔"。Jus Civile 专适用于罗马人，其后侵略日广，归化者日众，于是别造一种法律，名"周士和那拉廉"。Jus Honorarium 者（此译蛮民法）以治罗马种人以外之人，此两法至今犹存，班班可考也。吾古代所谓礼者，以治同气类之贵族；所谓刑法者，以治归化之贱族。《书·吕刑》曰："苗民弗用灵，制以刑，惟作五虐之刑，曰法。"此刑法之起原最可信据者。（苗民即异族之归化者，故《书》又曰："黎民于变时雍。"凡古代所谓民，皆以别于士。士，贵族也。民，贱族也。）由此观之，则所谓礼者，即治本族之法律；所谓刑者，即治异族之法律。其最初之区别实如是，泊夫春秋以降，渐由宗法社会以入军国社会，固有之贵族，孳乳浸多，特别权利，有所不给。而畴昔所谓异族，久经同化，殆不可识别，于是社会大变革之机，迫于眉睫。治道术之士，咸思所以救其敝，而儒家则欲以畴昔专适用于贵族之法律（即礼），扩其范围，使适用于一般之平民。法家则欲以畴昔专适用于平民之法律（即刑与法）。扩其范围，使适用于一般之贵族。此实际礼治法治之最大争点，而中国进化史上一大关键也。

夫礼也者，取一切行为而悉为之制定一具体的形式。然行为者，应于社会之变迁，而其形式不得不变迁者也。于是乎所制定之具体的，势难阅百年而犹与社会相适，故在昔可为社会进化之助者，在后反为社会进步之障。而所谓行为者，自洪迄纤，其数累亿。其所谓礼者，亦不得不洪纤悉备，其数累亿，非徒非人力所能悉制定，抑尤非人力所能悉记忆。故当战国以还，社会之变迁日益剧急，而诸子百家之对于儒教之礼治主义，其攻难亦日益甚，又势使然也。是以道家、墨家、法家等，群起而与礼治主义为敌。

（《庄子·马蹄篇》）及至圣人，蹩躠为礼，而天下始分矣。

（《史记·太史公自序》）夫儒者以六艺为法，六艺经传以千万数，累世不能通其学，当年不能究其礼。

（《淮南子·要略》）墨子初学儒者之业，受孔子之术，既乃以为其礼烦扰，伤生害业，糜财贫民。

（《墨子·非儒篇》）孔某盛容修饰以蛊世，弦歌鼓舞以聚徒，繁登降之礼以示仪，务趋翔之节以劝众。儒学不可以议世，劳思不可以补民，累寿不能尽其学，当年不能行其礼。

此道墨两家相攻难之说也。（多不及悉举。）道墨两家，其立脚点为极端的相反，惟其对于礼治主义之批评，则略相同，即一曰束缚过甚，二曰繁缛难行也。

法家亦攻难礼治主义，惟其所以攻难者，则观察点全异。盖道墨两家，谓礼治主义，病在干涉程度太过；法家则谓礼治主义，病在干涉程度不足也。今举其说。

（《韩非子·显学篇》）夫圣人之治国，不恃人之为吾善也，而用其不得为非也。恃人之为吾善也，境内不什数。用人不得为非，一国可使齐。为治者，用众而舍寡，故不务德而务法。夫必恃自直之箭，百世无矢；恃自圜之木，千世无轮矣。自直之箭、自圜之木，百世无有一，然而世皆乘车射禽者何也？檃栝之道用也。虽有不恃檃栝而自直之箭、自圜之木，良工弗贵也，何则？乘者非一人，射者非一发也。不恃赏罚而恃自善之民，明主弗贵也，何也？国法不可失而所治非一人也。今或谓人曰，使子必智而寿，则世必以为狂。夫智，性也；寿，命也。性命者非所学于人也，而以人之所不能为说人，此世之所以谓之为狂也。谓之不能，然则是谕也。夫谕，性也。以仁义教人，则是以智与寿说也，有度之主弗受也。故善毛嫱、西施之美，无益吾面，用脂泽粉黛则倍其初。言先王之仁义，无益于治，明吾法度，必吾赏罚者，亦国之脂泽粉黛也。今巫祝之祝人曰，使若千岁万岁。千岁万岁之声聒耳，而一日之寿，无征于人，此人之所以简巫祝也。今世儒者之说人主，不言今之所以为治，而语已治之功，不审官法之事，不察奸邪之情，而皆道上古之传，誉先王之成功。儒者饰辞曰，听吾言则可以霸王。此说者之巫祝，有度之主不受也。

（又《五蠹篇》）若夫贤良贞信之行者，必待贵不欺之士。贵不欺之士，亦无不欺之术也。布衣相与交，无富贵以相利，无威势以相惧也,故求不欺之士。今人主处制人之势,有一国之厚,重赏严诛,得操其柄,以修明术之所烛,虽有田常子罕之臣,不敢欺也,奚待于不欺之士？今贞信之士,不盈于十,而境内之官以百数,必任贞信之士,则人不足官,人不足官,则治者寡而乱者众矣。故明主之道,一法而不求智,固术而不慕信。

（又）今有不才之子,父母怒之不为改,乡人谯之弗为动,师长教之弗为变。夫以父母之爱、乡人之行、师长之智,三美加焉而终不动,其胫毛不改。州部之吏操官兵,推公法,而求索奸人,然后恐惧,变其节易其行矣。故父母之爱,不足以教子,必待州部之严刑者,民固骄于爱、听于威矣。

（又《八说篇》）是以有道之主,不求清洁之吏,而务必知之术。

（《商君书·开塞篇》）分定而无制不可,故立禁。

（又）古者民藂生而群处,故求有上也,将以为治也。今有主而无法,其害与无主同。有法不胜其乱,与不法同。

（又《画策篇》）仁者能仁于人,而不能使人仁；义者能爱于人,而不能使人相爱,是以知仁义之不足以治天下也。圣人有必信之性,又有使天下不得不信之法。所谓义者,为人臣忠,为人子孝,少长有礼,男女有别。非其义也,饿不苟食,死不苟生,此乃有法之常也。圣王者,不贵义而贵法,法必明令必行则已矣。

（又）国之乱也,非其法乱也,非法不用也。国皆有法,而无使法必行之法；国皆有禁奸邪刑盗贼之法,而无使奸邪盗贼必得之法。

（又《禁使篇》）其势难匿者，虽跖不为非焉。

（《尹文子·大道上篇》）今天地之间，不肖实众，仁贤实寡，趋利之情，不肖特厚，廉耻之情，仁贤偏多。今以礼义招仁贤，所得仁贤者，万不一焉；以名利招不肖，所得不肖者，触地是焉。故曰，礼义成君子，君子未必须礼义；名利治小人，小人不可无名利。（中略）上下不相侵与，谓之名正。名正而法顺也。

（《韩非子·五蠹篇》）且夫以法行刑，而君为之流涕，此所以效仁，非所以为治也。夫垂泣不欲刑者仁也，然而不可不刑者法也。先王胜其法不听其泣，则仁之不可以为治亦明矣。

（又《六反篇》）故法之为道，前苦而长利；仁之为道，偷乐而后穷。圣人权其轻重，出其大利，故用法之相忍，而弃仁人之相怜也。

（又）夫陈轻货于幽隐，虽曾史可疑也。悬百金于市，虽大盗不取也。不知则曾史可疑于幽隐，必知则大盗不取悬金于市，故明主之治国也，众其守而重其罪，使民以法禁而不以廉止。母之爱子也倍父，父令之行于子者十母，吏之于民无爱，令之行于民也万父母。父母积爱而令穷，吏威严而民听从，严爱之策，亦可决矣。

（《商君·书定分》篇）夫不待法令绳墨而无不正者，千万之一也，故圣人以千万治天下。故夫智者而后能知之，不可以为法，民不尽智；贤者而后知之，不可为法，民不尽贤。

（《韩非子·八说篇》）慈母之于弱子也，爱不可为前。然而弱子有僻行，使之随师；有恶病，使之事医。不随师则陷于刑,不事医则疑于死。慈母虽爱,无益于振刑救死,则存子者非爱也。母不能以爱存家,君安能以爱持国?

(《管子·七法篇》)言是而不能立,言非而不能废,有功而不能赏,有罪而不能诛,若是而能治民者,未之有也。(中略)是何也?曰形势器械未具,犹之不治也。

(《韩非子·八说篇》)古者人寡而相亲,物多而轻利易让,故有揖让而传天下者。然则行揖让、高慈惠而道仁厚,皆推政也。处多事之时,用寡事之器,非智者之备也。当大争之世,而循揖让之轨,非圣人之治也。

(《尹文子·大道上》篇)故有理而无益于治者,君子弗言。有能而无益于事者,君子弗为。君子非乐有言,有益于治。不得不言,君子非乐有为。有益于事,不得不为。故所言者不出于名法。(中略)明主不为治外之理。

以上述法家言难礼治主义之大概也,其论多不可悉举,此举其一斑耳。夫礼固为一种之制裁力不可诬也。虽然,此社会的制裁力,而非国家的制裁力也。既名之曰国家,则不可无强制组织。而礼治之所取,则劝导之谓,而非督责之谓也。语人以礼之当率循,其率循与否,惟在各人之道德责任心。若其责任心薄弱,视礼蔑如者,为之奈何?法家则认人性为恶,谓能有完全之道德责任心者,万不得一,故礼治不足为治之具也。(《韩非子·显学篇》《商君书·定分篇》《尹文子·大道上》篇等所说)又以为人类当其以社会的分子之资格立于社会之下,则社会所以制裁之者,不得不专恃道德责任心。若当其以国家的分子之资格立于国家之下,则国家所以制裁之者,于道德责任心外,尚可以有他力焉。(凡今世之人类一面为国家的分子同时,一面为社会的分子。盖国权所不干涉之范围,即社会之范围也。若夫未能建设国家之人类则不为国家的分子,而仅为社会的分子耳。)而道德责任心之制裁,实不完全之制裁也。社会之性质,不能为强制的,故不得不以不完全之制裁自满足。而国家既有强制的性质,可以行完全制裁,故不可徒恃道德责任心为国民行为之规律。非惟不可恃,抑亦不必恃也。(《韩非子·五蠹篇》所说)于此而仅恃道德责任心,安于不完全之制裁,则是国家自放弃其责任也。夫人类之相率而组织国家,诚以不完全之制裁,不足以确保秩序而增进幸福,而思有所以相易也。若既有国家,而制裁之不完全,仍一如其前,则人之乐有国家也,奚为也哉?准此以谈,则强制的法治,非徒国家之权利,抑又国家之义务也。(《商君书·开塞篇》所说)凡此皆法家之理想,与儒家绝异者也。平心论之,则儒家对于国家之观念,实不如法家之明了。非直儒家,即道墨诸家皆然,盖儒道墨之论治也,其主观的能治之方针,虽各各不同,而客观的所治之目的物,则皆认国家与社会为同物。故三家者,与其谓之国家主义,毋宁谓之社会主义之为尤得也。我国之有国家主义,实自法家始。

第四节 势治主义与法治主义

法治必藉强制而始实现,强制必借权力而后能行,故言法治者,动与势治相混,几成二位一体之关系。(法家以势治立言者甚多,今不暇枚举。)虽然,法家决非徒任势者,且决非许任势者。凡以势言法者,非真法家言也。今述其证。

(《韩非子·难势篇》)慎子曰,飞龙乘云,腾蛇游雾,云罢雾霁,而龙蛇与螾蚁同矣,则失其所乘也。尧为匹夫,不能治三人,而桀为天子,能乱天下。吾以此知势位之足恃,而贤智之不足慕也。尧教于隶属而民不听,至于南面而王天下,令则行,禁则止。由此观之,贤智未足以服众,而势位足以任贤者也。应慎子曰:飞龙乘云,腾蛇游雾,吾不以龙蛇为不托于云雾之势也。虽然,专任势足以为治乎,则吾未得见也。(中略)夫势者,非能使贤者用己,而不肖者不用己也。贤者用之,则天下治,不肖者用之,则天下乱。人之情性,贤者寡而不肖者众,而以威势之利,济乱世之不肖人,则是以势乱天下者多矣,以势治天下者寡矣。(中略)吾所以为言势者,中也。中者,上不及尧舜,而下亦不为桀纣。抱法处势则治,背法去势则乱。

此言法治与势治之区别甚明。势也者,权力也。法治固万不能舍权力,然未有法以前,则权力为绝对的,既有法以后,则权力为关系的。绝对的故无限制,关系的故有限制,权力既有限制,则受治于其权力下者,亦得确实之保障矣。此义也,诸法家中惟韩非最能知之,其他亦有见及者。

(《韩非子·八说篇》)故仁人在位,下肆而轻犯禁法,偷幸而望于上。暴人在位,则法令妄而臣主乖,民怨而乱心生。故曰,仁暴皆亡国者也。

(又)人臣肆意陈欲曰侠,人主肆意陈欲曰乱。

(又《难一篇》)人主当事,遇于法则行,不遇于法则止。

（又《大体篇》）不急法之外，不缓法之内。

（《文子·上义篇》）古之置有司也，所以禁民，使不得恣也。其立君也，所以制有司，使不得专行也。法度道术，所以禁君，使不得横断也。人莫得恣，即道胜而理得矣。

（《管子·任法篇》）君臣上下贵贱皆从法，此之谓大治。

（又）此圣君之所以自禁也。

（又《法法篇》）不为君欲变其令，令尊于君也。

（又）故置法以自治，立仪以自正也。

（又《权修篇》）地之生财有时，民之用力有倦，而人君之欲无穷。以有时与有倦而养无穷之君，而度量不生于其间，则上下相疾也。

（又《君臣篇上》）有道之君者，善明设法，而不以私防者也。而无道之君，既已设法，则舍法而行私者也。

综上所述，则法家非主张君权无限说甚明。谁限之？曰自限之。自制法而受限于法，故曰自限也，此管子所以言自禁，文子所以言禁君也。夫商君以任势闻者也，然犹曰："以法正诸侯，非私天下之利也，议为天下治天下。（中略）今乱世之君臣，区区然擅一国之利，而当一官之重，以便其私，此国之所以危也。（中略）是故明王任法去私。"（《修权篇》）然则法家言与彼野蛮专制之治，又岂可同年而语耶？

第五节　法治主义之产生及其衰灭

法治主义起于春秋中叶,逮战国而大盛,而其所以然者,皆缘社会现象与前古绝异,一大革命之起,迫于眉睫。故当时政治家,不得不应此时势以讲救济之道,郑子产铸刑鼎,晋叔向难之。子产曰,侨不才,不能及子孙,吾以救世也。(《左传》昭六年)"救世"一语,可谓当时法治家唯一之精神,盖认为一种之方便法门也。当时论法律学研究之必要者尚多,今更举之。

(《商君书·开塞篇》)今世强国事兼并,弱国务力守,上不及虞夏之时,下不修汤武之法,故万乘莫不战,千乘莫不守。此道之塞久矣,而世主莫之能废也。故三代不四,非明主莫有能听也。古之民朴以厚,今之民巧以伪,故效于大者,先德而防,治于今者,前刑而法,此俗之所惑也。

(《韩非子·五蠹篇》)夫古今异俗,新故异备,如欲以宽缓之政,治急世之民,犹无辔策而御悍马,此不知之患也。

(《淮南子·要略》)齐桓公之时,天子卑弱,诸侯力征,南夷北狄,交伐中国,中国之不绝如线。齐国之地,东负海而北彰河,地狭田少,而民多智巧,桓公忧中国之患,苦夷狄之乱,欲以存亡继绝,故管子之书生焉。(中略)申子者,韩昭厘之佐。韩,晋别国也,地墽民险,而介于大国之间,晋国之故礼未灭,韩国之新法重出。先君之令未收,后君之令又下,新故相反,前后相缪,百官背乱,不知所用,故刑名之书生焉。秦国之俗,贪狼强力,寡义而趋利,可威以刑,而不可化以善,可劝以赏,不可厉以名。被险而带河,四塞以为固,地利形便,畜积殷富,孝公欲以虎狼之势而吞诸侯,故商鞅之法生焉。

当时诸家书言法治主义之万不容者尚多,匪暇枚举。若《淮南子》此论,于其所以然之故,最能道破矣。大抵当时法治主义之动机有二,一曰消极的动机,二曰积极的动机。消极的动机者何?其在国家内部,阶级制度之敝,已达极点,贵族之专横,为施政上一大障碍,非用严正之法治,不足以维持一国之秩序,故商君变法,刖公子虔而黥公孙贾,其他如子产、李悝、申不害之流,皆莫不首锄贵族,盖非是而国家内部之统一,将不可望也。积极的动机者何?当时交通既开,兼并盛行,小国寡民,万不足以立于物竞界,故大政治家,莫不取殖产主义与军国民主义,即所谓富国强兵者是也,而欲举富国强兵之实,惟法治为能致之,盖非是而国家外部之膨胀,将不可望也。由是观之,则法治主义者,实应于当时之时代的要求,虽欲不发生焉而不可得者也。

故法治主义对于其他诸主义,最为后起,而最适于国家的治术,今比较而示其位置。

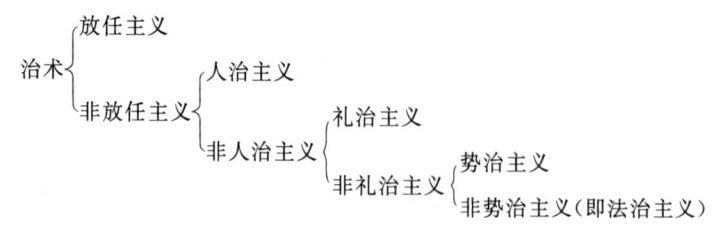

```
         ┌ 放任主义
治术 ┤
         └ 非放任主义 ┌ 人治主义
                        │
                        └ 非人治主义 ┌ 礼治主义
                                      │
                                      └ 非礼治主义 ┌ 势治主义
                                                    │
                                                    └ 非势治主义(即法治主义)
```

法治主义对于放任主义,则彼乃不治的,而此乃治的也。其对于人治主义,则彼乃无格式的,而此乃有格式的也。其对于礼治主义,则彼乃无强制力的,而此乃有强制力的也。其对于势治主义,则彼乃无限制的,而此乃有限制的也。此法治主义之位置也。

(附言)势治主义与人治主义略相类,似不得区别。惟人治主义,墨家及儒家中一部分所主张也。(墨家专标尚贤为一宗旨,明是人治主义。儒家中则荀子实持人治主义者也。)势治主义,法家中一部分所主张也。言人治主义者,徒恃感化力,而不恃制裁力。言势治主义者,则以制裁力为神圣,而谓此力由自然人之君主而来者也。法治主义,亦认此力由君主而来,而属诸国家机关的君主,不属诸自然人的君主矣。此其所以异也。

夫以法治主义之适于国家的治术,既已若此,宜其一度发生之后,则继长增高,有进无已,乃其占势力于政界者,不过百数十年,不移时而遂归澌灭者,何也?吾推求其原因,有三端焉,秦汉以还,骤开布衣帝王、布衣卿相之局,所谓贵族阶级者,消灭殆无复痕迹,而天下一家,又非复列国并立弱肉强食之旧。于是所谓时代之要求者,就消极积极两方面观之,其需要法治之亟,已不如其前,故战国时句出萌达之国家观念渐成秋扇,而固有之社会观念,复起而代之。夫法治主义与国家观念,密切而不可离者也,国家观念衰,则法治主义随之。此其衰灭之原因一也。我国人最富于保守性质,而儒家学说适与之相应,法家学说适与之相螯。儒家既缘旧社会之惯习,而加以损益,有以合于一般之心理,而派中复多好学深思之士,能继续其学以发挥光大之。法家既以后起,其剧烈之改革,逆乎人心,而其中实行家多,理论家少,秦汉以还,无复有能衍其学说以与旧派对抗者。此其衰灭之原因二也。法律原与道德相互为用,旧社会之制裁力,与国家之强制力,是一非二,故近今法治国之法律,莫不采人道主义。虽谓法律为道德之补助品焉可也,然则谓有法律而可以无道德焉,其不当也明甚。谓有法律而不许复有道德焉,其滋不当也明甚。而法家一部分之说,动走于极端,认道德之性质与法律之性质为不相容,以排斥道德为一种战术。夫即以今世之法治国,使其举一切教育事业悉蔑弃之,仅以法律为维持社会秩序唯一之器械,则其社会现象复当何如?太史公曰,法令者,治之具,而非制治清浊之原。斯言谅矣,以今世之法治国,有完全之国家根本法者,而徒法犹且不可,况乎战国时代所谓法治?其机关之整备,其权限之严明,远不如今时,而乃先取道德而挤排之,虽足以救一时,而其道之不可久,有断然矣。此其衰灭之原因三也。

综此三因,故法治主义虽极盛于战国之季,然不移时而遽就灭亡。秦并六国,大一统,主政者实为李斯,李斯本荀卿之徒,而应于时代之要求,不得不采用法家说,以荀卿之人治主义与不完全的法治主义相和合,则成为势治主义而已,其于法治主义之真精神,去之远矣。然则李斯实用术者,而非用法者也,故谓法治主义逮李斯而已亡可也。及汉之兴,萧何用刀笔吏佐新命,入关首收秦律,因沿以制汉律,然简单已甚。张苍以明律为丞相,然寡所设施。《史记·张丞相列传》云,是时萧何为相国,而张苍乃自秦时为柱下史,明习天下图书、计籍。苍又善用算律历,故令苍以列侯居相府。然则萧何律殆由苍起草耶?)其大师见于史者,惟有一张恢。〔《史记·晁错列传》云,学申商刑名于轵张恢先所(《索隐》云,轵县人张恢先生。)与洛阳宋孟及刘礼同师。然则张恢必当时法学大师也。]其势力固已不逮儒家远甚,孝文虽好之。(《史记·儒林传》云,孝文好刑名之言。)然方欲与天下休息,未遑实行,窦太后又好黄老术,(亦见《儒林传》)盖文景间实放任主义制胜之时代也。孝武即位,杂用儒法,互相水火。(今传《盐铁论》一书,后汉桓宽撰,乃叙述始元六年丞相、御史与所举贤良、文学论辨盐铁均输之利害者也。两党各持一见,互相诘难,洋洋十数万言,实儒法兴亡之一大公案也。其事虽在昭帝时,实则两家冲突之局,当武帝时代最甚也。)卒乃表章六艺,罢黜百家,儒术立于学官,尊为国教。自兹以往,法治主义殆见摈于学界外矣。其后虽大儒马郑二君,亦著汉律章句。魏明帝时,曾置律博士,(《晋书·刑法志》云,叔孙宣、郭令卿、马融、郑玄诸儒章句,十有余家,家数十万言。又云,卫觊请置律博士,转相教授,事遂施行。)然皆属于解释派,非复战国法家之旧,且其学不昌,盖自汉以来,法治主义陵夷衰微,以迄于今日。

(附言)当时法家言,以法术对举,《韩非子·定法篇》云:"申不害言术,而公孙鞅为法。"又云:"徒法而无术,徒术而无法,不可。"盖法与术非同物甚明,法乃具体的,而术乃抽象的也。若李斯,谓之能用术则有之,谓之能用法则未可也,故不可指为纯粹的法家也。

论中国成文法编制之沿革得失

(据《饮冰室合集》文集第6册改排)

自　　叙

— 本论原为拙著《中国法理学发达史论》之附录，及著成时，则已累数万言，附庸蔚为大国，且其论全属于法理学范围外，与原题名义不相应，故析之别自为篇。

— 成文法之定义谓，国家主权者所制定而公布之法律也。不著竹帛之惯习法其非成文法，不俟言，即已著诸竹帛，如君主之诏敕，及法庭之判决例，实际上虽与法律有同一之效力，然名义上未经主权者，指定赋予法律之名，仍不能谓之成文法。本论所论者以此定义为断。

— 成文法复可分为两种：一曰单行法，谓随时颁布之法律也；二曰法典，立夫单行法之上，或集录前此之单行法，而勒为大典者也。本论所论者兼此两种。

— 此类之文全基于事实，事实不备则伪误滋生，著者越在海外参考之书无多，其中阙失知所不免，伏乞绩学之士，惠而教之。

— 本论最重要之参考书，为二十四史中所有之《刑法志》及《艺文经籍志》、《通典》、《续通典》、《皇朝通典》、《文献通考》、《续文献通考》、《皇朝文献通考》、《唐六典》、《唐会要》、《唐律疏义》、《大清律例》。其日本人所著书，则织田万之《清国行政法》、浅井虎夫之《支那法制》、史广池千九郎之《东洋法制史序论》、田能村梅士之《世界最古之刑法》、穗积陈重之《法典论》、奥田义人之《法学通论》、梅谦次郎之《民法原理》，及其他各杂志之论文等。

第一章　绪论

人类之始为社会，其间固自有种种惯习以为之制裁，是即法律之所由起也。故法律之起，可谓之先于国家，及社会既形成国家，而前此所谓制裁力者，渐以强制执行之。主治者与受治者之关系既确定，惯习变为惯习法，主治者复以其意之所是非，制为禁令，而一国人皆有服从之之义务，此法律发达之第一级也。然惯习虽经承认，禁令虽经厉行，而或仅从实际方面，遇事而发表其权力作用，而未尝以文句泐为一定之科条，使国中以共守，或虽有文句，而以隐而秘之为政治上之妙用，故法律之为物，属于理官之所专有，而人民莫能睹其端倪，其意盖以法律者统治之要具也，为主治者而立，非为受治者而立，而主治者惟常示民以不可测，乃能威天下而善其治，故有法而不公诸民，与无法同。及夫统治作用渐进步，主治者以种种原因，不得不取前此之惯习及禁令，泐为条文，而特命之以法律之名。（日本《法政新志》第九卷第七号法学博士仁保龟松著《论法律之发达》云，法律之由不文法以进于成文法也，固由文字之利用方法之进步，自然为外形之发达。虽然征诸各国之立法史，其以文字表示法律者莫不有其极重大之政治的理由，有欲确表立法之本意使执法官及臣民咸知所适从者，名曰训示的立法，如我日本圣德太子之《宪法》、北条氏之《贞永式目》是也；有欲明示权力行使之准则，举权利保障之实者，名曰治安的立法，如罗马之《十二铜表法》、英国之《大宪章》是也；有欲表明立法之意思，示统治权之威力者，名曰威压的立法，如希腊古代之《多拉哥血法》是也;有欲保存不文法使便记忆者,名曰保存的立法,如德意志中世之《索逊士比奇》《疏华彬士比奇》是也。)又以不教而诛之为罔民也,乃以法律代一种之教规,泐而布之,使一国知所守,于是所谓成文法者见焉,此法律发达之第二级也。成文法之初起,不过随时随事,制定为多数之单行法,及单行法发布既多,不得不最而录之,于是所谓法典者见焉,然法典之编纂,其始毫无组织,不过集录旧文而已,及立法之技量稍进,于是或为类聚体之编纂,或为编年体之编纂,画然成一体裁,及立法之理论益进,于是更根据学理以为编纂,凡法律之内容及外形,皆有一定之原理原则以组织之,而完善之法典始见,此法律发达之第三级也。今更详密表示之如下:

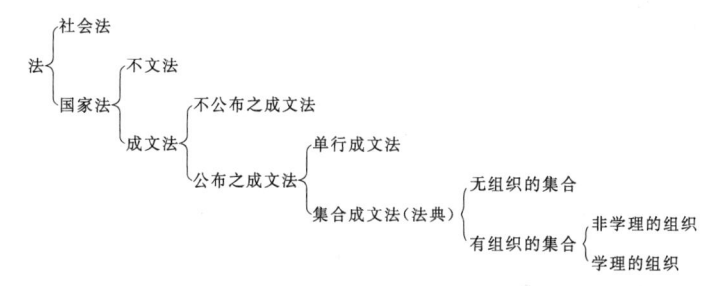

法 ┬ 社会法
　 └ 国家法 ┬ 不文法
　　　　　　└ 成文法 ┬ 不公布之成文法
　　　　　　　　　　 └ 公布之成文法 ┬ 单行成文法
　　　　　　　　　　　　　　　　　　└ 集合成文法(法典) ┬ 无组织的集合
　　　　　　　　　　　　　　　　　　　　　　　　　　　　└ 有组织的集合 ┬ 非学理的组织
　　　　　　　　　　　　　　　　　　　　　　　　　　　　　　　　　　　└ 学理的组织

以上诸阶级,实各国法律之形体的进化所必经也。(日本法学博士穗积陈重《法典论》曰:"法律有实质与形体之二原素。一国之法律,果适于兴国利、进民福乎,此法律之实质问题也。一国之法令,果简明正确而成法文,使人民容易知权利义务之所在乎,此法律之形体问题也。"本论之范围属于形体问题而不及实质问题。)我国自黄帝、尧舜时代,即已有国家法,而虞夏之间,成文法之痕迹,见于故书雅记者,渐可考见。迨夫周代,成文法之公布,遂认为政府之一义务。及春秋战国,而集合多数单行法,以编制法典之事业,蚤已萌芽。后汉魏晋之交,法典之资料益富,而编纂之体裁亦益讲有组织的之大法典,先于世界万国而见其成立。(《罗马法典》之编成,在西历五百三十四年,当我梁武帝中大通六年。晋新律之颁布,在晋武帝泰始四年,当彼二百六十八年。)唐宋明清,承流蹈轨,滋粲然矣,其所以能占四大法系之一,而烂然有声于世界者,盖有由也。

虽然,法律之实质,既已历二千余年,无所进步,即其形体,亦沿汉晋隋唐之旧,卷帙条目虽加增,而组织之方法,卒未一变。驯至今日,而固有之法系,殆成博物院中之装饰品,其去社会之用日远,势不得不采他人之法系以济其穷,盖编纂新法典之论,渐入于全国有识者之脑中,促政府当道以实行。而政府当道,外迫于时势,内鉴于舆论,其实行之机,抑已渐动。今后最重要问题,即编纂新法典之问题,申言之即新法典当以何等方法从事编纂之问题也。虽然法律者,非创造的而发达的也,然则非徒有外国之法律智识,而遂足以语于立法事业,而本国法律之沿革,与夫社会之需要,皆不可不深厝意焉。夫法律当如何而适于社会,此实质问题,非本论所及也。本论之意,欲就法律之形体一商榷焉,故略叙成文法编制之沿革,而以东西硕学之论,证其得失云尔。

第二章　战国以前之成文法

我国成文法之起原，不可确指，然以数千年来之思想，往往视法律与命令同为一物。盖君主之诏敕，得称之为实质的法律，故《说文》"典"下云："五帝之书也。"而后此法律，即以五帝书之名名之，是五帝书即最古之一种法律也，《左传》有《三坟》、《五典》之目，但其书久佚，不识内容云何。以今《尚书》有《尧典》一篇推之，则古之《五典》，当亦不过尔尔，殆记载一古帝王之言论行事以为法程，其视后世之成文法，相去固甚远。

《逸周书·武王践阼》篇云："王召师尚父问曰：黄帝颛顼之道存乎？师尚父曰：在丹书。"明杨慎释之曰："丹书，古人之法律书名也。"（《丹铅录》）日本先儒芦东山氏曰："黄帝与宗室大臣国人相约之言，书于丹图者。"（《无刑录》）凡此皆后人揣度之词，不可征信，丹书殆即《五典》之类，或即《五典》之一部耳。

我国之法系，其中一部分，殆可谓继受苗族之法系而来。盖我国文明，实滥觞于扬子江流域。若刑法者，我之受之于彼，又载籍所明示也。《书·吕刑》云："苗民勿用灵，制以刑，惟作五虐之刑，曰法。杀戮无辜，爰始淫为劓刵椓黥，越兹丽刑。"是五刑为苗族所创，其迹甚明。《墨子·尚同中》亦云："譬之若有苗以五刑然。"亦其证也。自黄帝迄于舜禹，我族与苗族为剧烈之竞争，卒代之以兴，于是彼族之文明，吸收以为我用，刑法于是起焉。而此种刑法,初但还以施诸彼族,不以施诸我族。《书·吕刑》又云:"皇帝哀矜庶戮之不辜,报虐以威,遏绝苗民。"是当时我刑法为限用于苗族之特别法,报虐以威者,谓苗人以虐制刑,还以刑威之也。《书·尧典》亦曰:"帝命皋陶,蛮夷猾夏,寇贼奸宄。汝作士。"皋陶为司法官,而其职权所辖治者,乃在蛮夷,是其证也。《左传》僖二十五年云:"德以柔中国,刑以威四夷。"此殆上古时普通之观念也。《记·曲礼》云:"礼不下庶人,刑不上大夫。"亦是此意。(参观拙著《中国法理学发达史》第五章)

(附言)《唐律·名例》篇云:"诸化外人同类自相犯者,各依本俗法,异类相犯者,以法律论。"然则治异族人,还以其族固有之法律,实我国法学上之一原则,此原则导源于黄帝尧舜时代,至唐时则明著诸法文中。(《唐律》亦本前代此条,为《唐律》所特著,抑因袭前代成文,今不可考。)而今日之领事裁判权,施行于国中,而恬不以为怪者,亦自此观念演出也。古代法律率采属人主义,即罗马法、回回法,莫不皆然,又匪独我矣。

《书·尧典》曰:"象以典刑,流宥五刑。鞭作官刑,扑作教刑,金作赎刑,眚灾肆赦,怙终贼刑。"此数语可谓我国成文法之最古者。象,即《周官·秋官》所谓悬刑象之法于象魏也。《左传》昭十四年引《夏书》曰:"昏墨贼杀,咎繇之刑也。"(咎繇即皋陶)然则皋陶之刑,殆必为一种简单的成文法,特今不传耳。(而《唐律疏议叙》云:"尧舜时,理官则谓之士,而皋陶为之,其法略存而往往概见。"然则其遗文至唐时或犹有存焉者矣。)

我国古代,礼与法视同一物。礼者,即规律本族之法也,故凡礼制之著于竹帛者，皆可认为一种之成文法，而《书·尧典》云："修五礼。"礼而言修，则其据依成文可知。(《皋陶谟》又云，敕我五典五惇哉，自我五礼有庸哉，五刑、五用哉。五典、五礼、五刑，皆可认为成文法。)《论语》云："殷因于夏礼，所损益，可知也。周因于殷礼，所损益，可知也。"此殆如汉律之因秦律，大清律例之因大明律欤。

若礼而可认为成文法，则周代所谓《经礼》三百、《曲礼》三千者，其可谓最古而最繁博之法典焉矣。日本博士织田万曰："支那之行政法典，实先于刑法典而成立。彼《周礼》实周公之政典，而世界最古之行政法典也。"(《清国行政法》第四叶)《周礼》一书，真伪未有定论，织田氏之说，吾非能绝对的表同情者也。虽然，其书即依托，亦殆出于春秋战国之间。然则语世界之行政法，犹未或能先也，但果属依托者，则仅能命为学说，而不得以冒法律之名耳。

德国硕学里斯特曰："法律发达史之第一叶，必属于刑法。"(《清国刑法论》第三叶)即我中国亦岂其能外此公例，今翻观刑法方面，虞之五刑尚矣。《尚书大传》曰："夏刑三千。"《左传》昭六年曰："夏有乱政而作禹刑，商有乱政而作汤刑，周有乱政而作九刑。"是夏商周三代，各各有成文刑法也明甚，而《书·吕刑》一篇，则法文之见于经传而尤可信据者也，其他如《周礼》有悬法、读法之文，是皆非既有成文法以后不可。今以真伪未明，姑略之。

逮于春秋，社会形势一变，法治主义应于时代之要求，而句出萌达，于是各国政治家咸以编纂法典为当务之急，其成文法之名见于传记者至夥，今胪举之。

（一）齐之宪法。《管子·首宪篇》云："正月之朔，百吏在朝君，乃出令，布宪法于国五乡之师。五属大夫皆受宪于太史。大朝之日，五乡之师、五属大夫皆身习宪于君前。太史既布宪，入籍于太府。宪籍分布于君前，五乡之师出朝，遂于乡官致于乡属及于游宗皆受宪。"宪而有籍，则其为成文法甚明。此殆管子所制定者也。

（二）楚之仆区法。《左传》昭七年云："吾先君文王作仆区之法，曰盗所隐器，与盗同罪。"杜《注》云："仆区，刑书名。"案，此传载楚无宇之言也。所谓仆区法者，能举其条文，则其为成文法可知。

（三）楚之茆门法。《韩非子·外储说右上》云："荆庄王有茆门之法。"

（四）晋之被庐法。《左传》昭二十九年云："文公是以作执秩之官，为被庐之法，以为盟主。"案，僖二十七年《传》云："于是乎搜于被庐。"杜《注》云："晋常以春搜礼改政令，敬其始也。"然则此法殆文公所制定，以搜于被庐时颁之者也。

（五）晋之刑书刑鼎。《左传》昭二十九年云："冬，晋赵鞅、荀寅帅师城汝滨，遂赋晋国一鼓铁，以铸刑鼎，著范宣子所为刑书焉。"然则此盖一种新刑法，范宣子所制定，而赵鞅更铸之于鼎，以垂久远者也。

（六）郑之刑书。《左传》昭六年云："三月，郑人铸刑书，叔向使诒子产书曰：（前略）今吾子相郑国作封洫、立谤政、制参辟、铸刑书，将以靖民，不亦难乎。（中略）复书曰：侨不才，不能及子孙吾以救世也。"案，所谓铸刑书者，亦以成文之刑法铸之于鼎也。至其法为旧有之法，抑子产所新制定，《传》无明文。

（七）郑之竹刑。《左传》定九年云："郑驷歂杀邓析，而用其《竹刑》。"杜《注》云："郑析，郑大夫，私造刑法书之于竹简，故云《竹刑》。"案，今传《邓析子》五篇真伪未定。邓析殆当时之一法学者，自以意见制一新刑法。驷氏执政从而承认之为国家法也。

以上见于传记者如此。大抵当时各国，莫不各有其成文法，而政治家亦以此为最要之政策焉。盖春秋以降，构成国家之分子，日趋复杂，非用强制组织无以统治之，而欲实行强制组织，莫亟于法律之公布，故各国汲汲于立法事业，而或著诸竹帛，或泐诸金石。刑鼎之制，与罗马之《十二铜表》，东西同揆矣，《韩非子·定法篇》云："法者，宪令著于官府，刑罚必于民心者也。"其释法之定义如此，可知成文法典，至其时而已大具矣。

第三章　李悝之成文法

语中国法制史上最重要之人物，则李悝其首屈一指矣。《汉书·艺文志》法家，有《李子》三十二篇，原注云："名悝，相魏文侯，富国强兵。"《晋书·刑法志》曰："秦汉旧律，其文起自魏文侯师李悝，悝撰次诸国法，著《法经》。以为王者之政，莫急于盗贼，故其律始于盗贼。盗贼须劾捕，故著《网捕》二篇。其轻狡、越城、博戏、借假、不廉、淫侈、逾制，以为《杂律》一篇。又以其律具其加减，是故所著六篇而已。商君受之以相秦，汉承秦制。"（下略）又《唐律疏义·进律疏表》云："魏文侯师于李悝，集诸国刑典，造《法经》六篇，一盗法，二贼法，三囚法，四捕法，五杂法，六具法。又汉相萧何更加悝所造《户》《兴》《厩》三篇，谓九章之律，是为九法。"综上两文，则李悝在我国法制史上之位置，从可识矣。吾语其关系之最大者有二：

一曰立后此成文法之基础。我国现行之律，继受明律，明律继受宋律，宋律继受唐律，唐律继受魏晋律，魏晋律继受汉律，汉律继受秦律，而秦律即李悝之原文也。然则二千年间之法律，无不以李悝所制定者为蓝本，不过因缘时代之需要，而有所损益云尔。《法经》六篇虽亡，实则展转间接，散存于今之《大清律例》者，尚不知凡几，但孰为原文，不可识别耳。故后世一切法典之对于《法经》，非徒母子血统的关系，而实一体化身的关系也。

二曰集前此成文法惯习法之大成。悝之《法经》，既撰次诸国法而成，然则前所列举之七种法，与夫不见于传记之他种成文法，乃至各国未著于竹帛之惯习法，当莫不为《法经》所网罗。盖《法经》者，集局部法以为一般法者也。我国法律之统一，自《法经》始。我国之有《法经》，犹法兰西之有《拿破仑法典》也。（法国前此各地方各有法律，莫能统一。现行民法由拿破仑时代制定，名为《拿破仑法典》，实集各地方法律之大成，弃短取长，以编制之者也。其内容之丰富与理由之深远，虽非《法经》可拟，然其制定之历史颇相类矣。）故诸国法，今虽无一遗存，然以其为《法经》之渊源，则东鳞西爪，借《法经》之介绍，间接以散见于现行法律中者，殆非绝无矣。

第四章　两汉之成文法

汉高初入关，宣言除秦苛法，与民约法三章，然条件太简单，势固不能实行，而萧何首收秦图籍律令，遂因秦律，(秦律六章即李悝《法经》也，秦政法曰律。)益为九章。今举其名以与法经相比较。

　　法经：盗法　贼法　囚法　捕法　杂法　具法
　　汉律：盗律　贼律　囚律　捕律　杂律　具律
　　　　　户律　厩律　兴律

张苍者，故秦柱下史，以明律闻，萧何辟为相府主计。然则九章律之起草，殆出苍手欤，其后社会之现象日繁，法律之条件亦日密。终两汉之世，其所谓实质的法律者，已数十倍于前，其种类亦至伙，今缕举之。

一曰律。此正式的成文法也。自萧何益《法经》为九篇，未几叔孙通益律所不及为《傍章》十八篇，张汤复为《越官律》二十七篇，赵禹复为《朝律》六篇，合六十篇，皆汉律正文也。后汉永元六年，廷尉陈宠上疏，谓律有三家，说各驳异。所谓三家者，即萧、张、赵三氏所定之律也。其他见于史传者，尚有尉律、尚方律、金布律、田律、上计律、钱律、田租税律、大乐律、酎金律、挟书律等，其详不可得而闻。

二曰令。凡在专制国,法制制定之权,悉操诸君主,故君主之诏令,与法律有同一之效力。《史记·酷吏传》云:"前主所是,著为律;后主所是,著为令。"是令亦一种实质的法律也。然令亦有立法命令与行政命令之分。其立法命令,则史所称"功令"、所称"著令"者是也,其后积久浸多,乃编次为令甲令乙令丙等。(《汉书·宣帝纪》:"令甲死者不可生,刑者不可息。"颜《注》"如淳曰:令有先后,故有令甲、令乙、令丙。师古曰:淳说是也,甲乙者,若今之第一第二篇耳。"又《晋书·刑法志》有"令景"之文,景即丙,避帝讳也,六朝时皆避丙作景。)《汉书·刑法志》谓,孝武之末,律令凡三百五十九章,则其数之多可知。然律与令固非相杂厕者,《说文·衣部》"襄"下引汉令云:"解衣而耕谓之襄。"《系部》"缥"下引汉律云:"祠宗庙,丹书告也。""綵"下引汉律云:"绮丝数谓之綵布。"然则律与令各自为编明甚,此如日本之法令,对文则别,散文则通矣。(日本之法令,法谓法律,令谓命令也。)汉令之名称,见于史传者,有田令、挈令、光禄挈令、廷尉挈令、水令、公令、养老令、马复令、诸姬令、秩禄令、官卫令、宪令、金布令、任子令、祠令、胎养令、品令等,其即在令甲、令乙、令丙之中,抑离而独立,今不可考。

三曰比。比者,今《大清律例》之所谓例也,日本所谓判决例也,其义本于记《王制》。《王制》曰,"必察小大之比以成之",是也。汉时称为决事比,或称法比,或单称比。《汉书·刑法志》,谓死罪决事比万三千四百七十二事,则其繁多可想。盖法文有定,而行为之变态无穷,以有定驭无穷,势必不给,故折狱者不得不随时比附,此各国所不能免也。而比附者,或比附法文,或比附条理。(条理者,日本法律上专用之一名词。裁判官于法文所不具者,则推条理以为判决。如我国所谓准情酌理也。)我国则于此两者之外,更有比附经义之一种。比附法文者,《汉书·刑法志》云:"制疑狱者,各谳所属官长皆移廷尉。廷尉不能决,具为奏,附所当比律令以闻。"《史记·张汤传》云:"贫弱虽陷法,曲文以出之,其豪杰侵小民者,以文内之。"是也。比附条理者,凡法文所不具者,法官凭其心之所安以为断。《书·吕刑》所谓轻重诸罚有权,《周官·司刺职》所谓求民情、断民中,而刺上服下服之罪是也。此自古有之,而汉代法文简略,用之尤广,《汉书·刑法志》曰:"奸吏转相比况。"又曰:"所欲活则傅生议,所欲陷则予死比。"又曰:"奇请它比,日以益滋。"《唐律·断狱》篇曰:"诸刺敕断罪,临时处分,不为永格者,不得引为后比。"是即比附条理之意也。《汉书·刑法志》又载,孝景中五年《诏》云:"诸狱疑虽文致于法,而于人心不厌者,辄谳之。"然则虽有法文可按者,犹时或推条理以为断矣。比附经义者,我国崇古而尊经,视经义与国法有同一之效力。汉初法制未备,每有大事,朝臣得援经义以折衷是非,《汉书·张汤传》云:"汤为廷尉,每决大狱,欲傅古义,乃请博士弟子治《尚书》《春秋》者,补廷尉史,亭疑奏谳。"又见《宽传》云:"宽为建尉椽,以古义决疑狱,奏辄报可。"应劭奏上《汉仪表》云,"故胶东相董仲舒老病致仕,朝廷每有政议,数遣廷尉张汤亲至陋巷,问其得失。于是作《春秋折狱》二百三十二事,动以经对",(《晋书·刑法志》引)是也,应劭《汉仪》,自言撰具律本、章句、《尚书》旧事、廷尉板令、决事比例、司徒都目、五曹诏书等而成。所谓《尚书》旧事、廷尉板令、决事比例、司徒都目,皆判决例,即所谓比也。《晋书·刑法志》谓:"汉时决事集为三百余篇,及司徒鲍公撰嫁娶辞讼决,为法、比、都目,凡九百六卷。"则当时判决例之浩瀚繁博,可以想见。而此等之在当时,皆视之与律令有同一之效力者也。

《晋书·刑法志》云:"汉兴以来,三百二年,宪令稍增,科条无限。"而《魏律》序略,杂引律有某条,令乙令丙有某条,科有某条,又言以省科文,又言于旁章、科令为省。然则科者,当时一种法律之名,而与律令异其性质者也。殆即判决例,而汉时所谓比矣。不然,汉之法比、九百余卷,何序略不一引之耶?此说若信,则比与律令有同一之效力益明。

四曰学说。以学说为成文法之渊源,此各国法律史上所习见也。征诸西史,凡学说之所以得变为法律者,其途有四:(一)以解释法律之权付诸学者,如罗马帝奥古斯丁,选当时法律家付与解释法律之权,其所解释者称为学士说,Responsa Pruden Tium 直与法律同效力,是也。(二)直以法律之效力赋诸学说,如罗马帝托多条士,采当时硕儒巴比尼安等五家之著书,认为国法,若五家说有互相牴牾者,则以巴比尼安说为正,是也。(三)编纂学说以为法典,如罗马帝周士的尼安奴,编纂罗马三十九大家之学说为一法典,名曰《的支士潭》,是也。(四)学说养成惯习法者,学者之法律思想,浸灌人心,遂养成一种之惯习法,或裁判官采其学说以折狱,遂成为判决例,而由惯习法或判决例,转变成为法律者,是也。此四者,皆各国法制史上所常见也,我国汉代,如董仲舒之"春秋折狱"。本非立法,亦非判决例,而后此经应劭采为《汉仪》,献帝承认之,遂成为国法。又应劭之书,末附《议驳》八十二章,自言内二十六,博采古今瑰玮之士,是则前哲之学说也。内二十七,劭所创造。是又劭之学说也,而皆经献帝承认,又成为国法矣。且当时大儒解释法文者,尤为繁赜。《晋书·刑法志》云:"后人生意,各为章句,叔孙宣、郭令卿、马融、郑玄诸儒章句,十有余家,家数十万言,凡断罪所当由用者,合二万六千二百七十二条,七百七十三万二千二百余万言,言数益繁,览者益难,天子于是下诏,但用郑氏章句,不得杂用余家。"(案,此所谓天子者,魏明帝也。)由此观之,当时法律解释派之发达,殆不让今之德国。夫七八百万言之章句,恐合今兹日本诸家之法律注解,尚未逮其数也。而绝代大儒马郑二君,皆有成书,其博深切明,当无待言,惜乎今日无一字之能见也。而当时既为断罪所当由用,(由用,犹遵行也。)则其与法律有同一之效力甚明。逮魏明帝专认郑氏章句,则又明赋与郑说以法律之效力矣。

第五章　魏晋间之成文法

次于李悝《法经》，而从事编纂法典之大业者，魏晋间之新律是也。萧何之九章，虽稍益于秦旧，而以驭生事日繁之社会，既大苦不给，故续颁之诏令、任意之判决例，及繁重之解释，间杂错出，动相予盾。盖至东汉之末，而律有六十篇，令有三百余篇，法比有九百余卷，章句有七百余万言。《晋书·刑法志》评之曰："事类虽同，轻重乖异，通条连句，上下相蒙。"又曰："律文烦广，事比众多。"诚切中其弊也，于新法典编纂之必要迫于眉睫，魏明初政，厉精图治，乃命司空陈群、散骑常侍刘邵、给事黄门侍郎韩逊、议郎庚嶷、中郎黄休、荀诜等，删约旧科，傍采汉律，定为魏法，制新律十八篇、州郡令四十五篇、尚书官令、军中令，合百八十余篇，其序略云：

旧律所难知者，由于六篇篇少故也。篇少则文荒，文荒则事寡，事寡则罪漏，是以后人稍增，更与本体相离。今制新律，宜都总事类，多其篇条。旧律因秦《法经》，就增三篇，而《具律》不移，因在第六。罪条例，既不在始，又不在终，非篇章之义，故集罪例以为《刑名》，冠于律首。《盗律》有劫略、恐猲、和卖买人，科有持质，皆非盗事，故分以为《劫略律》。《贼律》有欺谩、诈伪、逾封、矫制。《囚律》有诈伪生死，《令丙》有诈自复免，事类众多，故分为《诈律》。《贼律》有贼伐树木、杀伤人畜产及诸亡印，《金布律》有毁伤、亡失县官财物，故分为《毁亡律》。《囚律》有告劾传覆，《厩律》有告反逮受，科有登闻道辞，故分为《告劾律》。《囚律》有系囚、鞫狱、断狱之法，《兴律》有上狱之事，科有考事报谳，宜别为篇，故分为《系讯》、《断狱律》。《盗律》有受所监受财枉法，《杂律》有假借不廉，《令乙》有呵人受钱，科有使者验赂，其事相类，故分为《请赇律》。《盗律》有勃辱强贼，《兴律》有擅兴徭役，《具律》有出卖呈，科有擅作修舍事，故分为《兴擅律》。《兴律》有乏徭稽留，《贼律》有储峙不办，厩律有乏军之兴，及旧典有奉诏不谨、不承用诏书，汉氏施行，有小愆之反不如令，辄劾以不承用诏书乏军要斩，又减以《丁酉诏书》。《丁酉诏书》，汉文所下，不宜复以为法，故别为之《留律》。秦世旧有厩置、乘传、副车、食厨，汉初承秦不改，后以费广稍省，故后汉但设骑置而无车马，律犹著其文，则为虚设，故除《厩律》，取其可用合科者，以为《邮驿令》。其告反逮验，别入《告劾律》。上言变事，以为《变事令》，以惊事告急，与《兴律》燧燧及科令者，以为《惊事律》。《盗律》有还赃畀主，《金布律》有罚赎入责以呈黄金为价，科有平庸坐赃事，以为《偿赃律》。律之初制，无免坐之文，张汤、赵禹始作监临部主、见知故纵之例。其见知而故不举劾，各与同罪，失不举劾，各以赎论，其不见不知，不坐也，是以文约而例通。科之为制，每条有违科，不觉不知，从坐之免，不复分别。而免坐繁多，宜总为免例，以省科文，故更制定其由例，以为《免坐律》。诸律令中，有其教制，本条无从坐之文者，皆从此取法也。凡所增定十三篇，就故五篇，合十八篇，于正律八篇为增,于旁章科令为省矣。

据此,则魏律之视秦汉律,其篇章大有所增损,编次亦多移易,若其内容,今虽不可得见,然于汉代诏令法比,乃至诸家之学说殆多网罗而决择之,其用力之勤,殆非初汉时代所得同年而语也。夫汉高本以驵侩弋大位,未尝有立法制以福天下之志,其臣又非能有管仲、子产、李悝、商鞅之才,可以任立法事业,萧何一刀笔吏耳,叔孙通阉然媚世之贱儒耳,一国法制,全委于其手,故因陋就简,蹈袭秦旧,东涂西抹,命为汉制,及不周于用,则任嗣君之是非以为诏令,凭俗吏之抑扬以为法比,与原有之根本律,分驰矛盾,曾无一贯之原则以枢纽之,无秩序无统一,故法愈多而弊愈不可胜穷。盖自文、景、武之世,而学者已极言改制立法之不可以已矣。贾谊之告文帝曰:"人之所设,不为不立,不植则僵,不修则坏。(中略)岂如今定经制,令君君臣臣,上下有差,父子六亲,各得其宜,奸人亡所几幸,而群臣众信,上不疑惑。此业壹定,世世常安,而后有所持循矣。若夫经制不定,是犹度江河亡维楫。中流而遇风波,船必覆矣。"(《汉书》本传)董仲舒之对武帝曰:"继治世者其道同,继乱世者其道变。"又曰:"琴瑟不调甚者,必解而更张之,乃可鼓也。为政而不行甚者,必变而更化之,乃可理也。"(《汉书》本传)贾、董皆一代大儒,而其所主张,咸谓当取一切法度,为根本的变更,而别以良法组织之。所论者不徒在刑法之一方面而已,即就刑法一方面观之,亦历岁愈久而敝愈甚,《汉书·刑法志》述孝武时代之现状,谓"文书盈于几阁,典者不能遍睹,是以郡国承用者驳,或罪同而论异,奸吏因缘为市"。然则法文不整,其毒害之及于社会者,可以概见矣。宣帝起间阎,深知情弊。及即位,置廷平之官,(秩六百石,员四人)常自幸宣室决事,此殆如英王爱华德第三之设衡平裁判所矣。(英王为济普通法之穷,特命近侍法官别设裁判所,许人民叩阍。其判决例复别成为衡平法。)然识者固已谓为不揣其本而齐其末,郑昌上疏曰:"若开后嗣,不若删定律令,律令一定,愚民知所避,奸吏无所弄矣。今不正其本而置廷平以理其末也,政衰听怠,则廷平将招权而为乱首矣。"(《汉书·刑法志》)是最初倡修正刑法法典之议者。郑昌也,元帝、成帝曾两下诏议修正。(元帝诏云:"夫法令者,所以抑暴扶弱,欲其难犯而易避也。今律令烦多而不约,自典文者不能分明,而欲罗元元之不逮,斯岂刑中之意哉?"成帝诏云:"今律令烦多,百有余万言,奇请它比,日以益滋。自明习者不知所由,欲以晓喻众庶,不亦难乎?于以罗元元之民,夭绝亡辜,岂不哀哉?"而臣下无足以当此重任者,业遂不就,班固论之曰:"有司无仲山父将明之材,不能因时广宣主恩,建立明制,为一代之法,而徒钩摭微细,毛举数事以塞诏而已。是以大议不立,遂以至今。"诚伤之也。盖当西汉元平间,编纂法典之机一动,而遂不见结果,蹉跎以迄东京之季。固之言又曰:"议者或谓法难数变,此庸人不达,疑塞治道,圣智之所常患也。"又曰:"岂如惟思所以正本清源之论,删定律令,复古刑为三千章。"(俱见《汉书·刑法志》)是班氏亦当时主张修正刑法论者之一人,《志》中之言,一篇间三致意焉,此殆当时一般之舆论,又非徒班氏一人意见而已。和帝永元六年,廷尉陈宠复大倡是议,亦蹉跎未行。献帝建安元年,应劭以私人资格,独力纂述,未臻完备,暂以适用。而当世大儒崔实、郑玄、陈纪之流,倡改革论益力。夫汉律自孝武时代,已苦其猥杂棼乱,况复加以三百年间不秩序、不统一之科令,日出而不穷,其有法等于无法,渐演出无政府之现象,势所必然矣。故编纂法典,殆时代最急之要求,而当日救济社会唯一之手段也。魏武相汉,陈纪子群复申父论,而操自谓不宜以藩国改汉制,复寝不行。直至魏明初政,天下稍苏息,始克从事斯业,而陈群即出其家学以当编辑之任,盖此举为一般学者之所倡,垂数百年,而至是始实行也。及司马文帝为晋王,又以陈群、刘邵之本,虽经改革,而科网本密,尚苦不周,又叔孙、郭、马、杜诸儒章句,但取郑氏,未免偏党。(魏明帝时下诏,诸家章句有相牴牾者,以郑玄说为正。)乃命贾充更事编制,而以郑冲、荀𫖮、荀勖、羊祜、王业、杜友、杜预、裴楷、周权、郭颀、成公绥、柳轨、荣邵十四人典其事,半皆一时名宿,以学闻于世者也,于是就汉九章增十一篇,仍其族类,正其体号,改《旧律》为刑名、法例,《辨囚律》为告劾、系讯、断狱,分《盗律》为请赇、诈伪、水火毁亡,因事类为卫宫违制,撰《周官》为诸侯,律合二十篇,六百二十条,二万六千七百五十七言。其一时权宜之制,不著于律,悉以为令,犯令者则以律中违制之罪罪之,都凡律令合二千九百二十六条,十二万六千三百言,为六十卷,泰始三年事毕,武帝亲自临讲,使裴楷执读。四年正月,大赦天下,班新律焉。由此观之,则此次编纂新律之事业,伏根于西汉中叶,大动于东汉之季,作始于魏代,而成就于晋初。学者提议于前,而政府实行于后,盖议论亘于数百年之间,而草案成于数十人之手。虽其所改正者,万不能如贾谊、董仲舒之所期,且未必能如郑昌、班固之所期,要之不可谓非历史上之一大事也。今其书虽不存,然以载籍所可考见,其视汉旧律进化者有数端。

(一)严律令之界。汉代律令,并为一谈,至晋新律,则厘令于律之外。夫律者,含有固定的性质,一经施行,虽人主亦不得以私意轻重者也,故近世文明国,严法律与命令之区别,不许以命令变更法律。当时虽未能如是,然别令于律,其间自有主从之形,其意盖以令为律之补助品也,故曰"违令有罪则入律",然则非令能罪之,而惟律能罪之也。

(二)根据于学理。汉律采撼秦法,补苴一二,于立法所以然之故,少所推求。及经推行数百年,虽复棼乱猥杂,然解释派大兴,学说如鲫,其间所阐明学理,定当不少,魏晋袭之,取精用宏,去取之间,殊非草章。观《唐书·经籍志》所载,有刘邵撰《律略论》五卷,贾充等撰《刑法律本》二十一卷。(《隋书·经籍志》题为《律本》,无刑法二字,而下注杜预撰。大约其书成于杜预之手,但当时编律以贾充领衔,故题贾充等耳,凡中国历代官书皆如是也。窃意当时晋律殆由杜征南起草,故《晋书·刑法志》亦称为杜律。果尔则价值更高矣。)凡此皆当时起草员之著述,殆如日本之宪法义解民法原理等矣,则其条文盖必有学理上之根据,无可疑也。《晋书·刑法志》又称,明法掾张裴注律,表上之,其表文云:"律相须而成,若一体焉。《刑名》所以经略罪法之轻重,正加减之等差,明发众篇之多义,补其章条之不足,较举上下纲领。(中略)自始及终,往而不穷,变动无常,周流四极,不离于法律之中也。其知而犯之谓之故,意以为然谓之,失违忠欺上谓之谩,背信藏巧谓之诈,亏礼废节谓之不敬,两讼相趣谓之斗,两和相害谓之戏,无变斩击谓之贼,不意误犯谓之过失,逆节绝理谓之不道,陵上僭贵谓之恶逆,将害未发谓之戕,唱首先言谓之造意,二人对议谓之谋,制众建计谓之率,不和谓之强,攻恶谓之略,三人谓之群,取非其物谓之盗,货财之利谓之赃:凡二十者,律义之较名也。夫律者,当慎其变,审其理。若不承用诏书,无故失之刑,当从赎。谋反之同伍,实不知情,当从刑。此故失之变也。卑与尊斗,皆为贼。斗之加兵刃,水火中,不得为戏,戏之重也。向人室庐道径射,不得为过,失之禁也。都城人众中走马杀人,当为贼,贼之似也。过失似贼,戏似斗,斗而杀伤傍人又似误,盗伤缚守似强盗,呵人取财似受赇,囚辞所连似告劾,诸勿听理似故纵,持质似恐猲。如此之比,皆为无常之格也。五刑不简,正于五罚。五罚不服，正于五过。意善功恶，以金赎之。故律制，生罪不过十四等，死刑不过三，徒加不过六，囚加不过五，累作不过十一岁，累笞不过千二百，刑等不过一岁，金等不过四两。月赎不计日，日作不拘月，岁数不疑闰。不以加至死，并死不复加。不可累者，故有并数；不可并数，乃累其加。以加论者，但得其加；与加同者，连得其本。不在次者，不以通论。以人得罪与人同，以法得罪与法同。侵生害死，不可齐其防；亲疏公私，不可常其教。礼乐崇于上，故降其刑；刑法闲于下，故全其法。是故尊卑叙，仁义明，九族亲，王道平也。（中略）律之名例，非正文而明也。若八十，非杀伤人，他皆勿论，即诬告谋反者反坐。十岁，不得告言人；即奴卑捍主，主得谒杀之。贼燔人庐舍积聚，盗赃五匹以上，弃市；即燔官府积聚盗，亦当与同。欧人教令者与同罪，即令人欧其父母，不可与行者同得重也。若得遗物强取强乞之类，无还赃，法随例界之文。法律中诸不敬，违仪失式，及犯罪为公为私，赃入身不入身，皆随事取法，以例求其名也。夫理者，精玄之妙，不可以一方行也。律者，幽理之奥，不可以一体守也。或计过以配罪，或化略以循常，或随事以尽情，或趣舍以从时，或推重以立防，或引轻而就下。公私废避之宜，除削重轻之变，皆所以临时观衅，使用法执诠者，幽于未制之中，采其根牙之微，致之于机格之上，称轻重于豪铢，考辈类于参伍，然后乃可以理直刑正。（下略）"○案，此为当时注释新律者之表文，而所言多属于刑法学上之大原则，即现今学者所视为重要问题而研究之者也。（此文所论属于总则，为多加圈者，除一部分为文中要旨外，其余大率皆现今学者所研究之原则也。）其注释之文所含学理之富如此，则原文必有可观者矣。晋律久亡，故节录此以示其梗概。

（三）郑重公布之形式。汉代法律，未尝为正式的公布，故人主一时之诏令，法官推意之判例，学者私议之学说，皆得冒法律之名，有同一之效力。魏晋律则视为大举，严重以公布之，有整齐画一之概，不宁惟是，法律既有固定性，得为具体的研究，于以助此学之进步。《晋书·刑法志》载卫觊奏云："刑法者,国家之所贵重,而私议之所轻贱,王政之弊,殆由于此。请置律博士,转相教授,事遂施行。"然则当时以有新律之故,而法学渐至成为一种科学之形矣。

此外如条文之增多,重复之芟除,篇第之厘正等,又一见而至易明者也。由此观之,则此次编纂法典实我国法制史上一大事,后此南北朝循之,直至隋唐,少所更革。然则魏晋律者,实箦法经与唐律之中枢,而为其重要之媒介者也。

尔后一度易姓,必有新法典之发布,然大率沿袭魏晋,无大改作。今将其法典之名及其篇数与其制定发布之年月,列表如下:

魏　新　律…十八篇………陈群、刘邵等撰
晋　新　律…二十篇………贾充、郑冲等撰………泰始四年正月成
　　　　令…四十篇………同………同
后魏新律…二十卷………崔浩等撰………太和五年成
齐　　　律…二十篇………王植等撰………永明七年成
梁　　　律…二十篇卅卷………蔡法度等撰………天监二年四月成
　　　　令…三十篇卅卷………同………同
　　　　科…二十篇卅卷………同………同
东魏麟趾格………兴和三年十月施行
西魏大统式…五卷………苏绰等撰………大统十年七月颁
北　齐　律…十二篇十二卷………赵郡王叡等撰………河清三年成
　　　　令…廿八篇五十篇………同………同
后周大律…廿五篇廿五卷………赵肃等撰………保定三年三月成
　　　　令…同
陈　　　律…二十卷………范泉、徐陵等撰…永定元年十月成
　　　　令…三十卷………同………同

第五章 魏晋间之成文法

```
科…………三十卷…………同…………同
隋　新　律…十二卷…………高频等撰…………开皇元年十月施行
　　　　新令…卅卷…………同…………开皇二年七月施行
大　业　律…十八卷…………牛弘等撰…………大业二年成
　　　　大业令…三十卷…………同…………同
```

今复将战国至隋法律篇目次第列表如下：

法经	汉律	魏律	晋律	宋律	齐律	梁律	后魏律	北齐律	后周律	隋唐律
具法6	具律	刑名	刑名1 法例2	刑名 法例	刑名 法例	刑名1 法例2	刑名 法例	名例1	刑名1 法例2	名例律1
			宫卫15	宫卫	宫卫15	宫卫	禁卫2	宫卫9	卫禁律2
			违制19	违制	违制20	违制	违制5	违制15	职制律3
	户律	户律	户律12	户律	户律	户律12	户律	婚户3	户律6 婚姻5	户婚律4
	厩律		厩牧17	厩牧	厩牧	厩牧18 仓库17	牧产	厩牧11	厩牧18	厩库律5
	兴律	擅兴	兴律13	兴律	兴律	擅兴13	擅兴	擅兴4	兴擅	擅兴律6
盗法1 贼法2	盗律 贼律	盗律 贼律	盗律3 贼律4	盗律 贼律	盗律 贼律	盗律3 贼律4	盗劫 贼犯	盗贼8	劫盗12 贼犯18	贼盗律7
						斗律	斗讼	斗竞11	斗讼律8
		诈伪	诈伪5	诈伪	诈伪	诈伪5	诈伪	诈伪6	诈伪20	诈伪律9
捕法5	杂律	杂律	杂律11	杂律	杂律	杂律11	杂律	杂律12	杂犯19	杂犯10
捕法4	捕律	捕律	捕律8	捕律	捕律	讨捕8	捕亡	捕断9	逃捕10	捕亡律11
囚法3		囚律	断狱10	断狱	断狱	断狱10	断狱		断狱25	断狱律12
			劫掠							
			毁亡	毁亡14	毁亡	毁亡	毁亡14	毁亡	毁亡10	毁亡14	
			告劾	告劾7	告劾	告劾	告劾7	告劾		告劾22	
			系讯	系讯9	系讯	系讯	系讯9	系讯		系讯24	
			请赇	请赇9	请赇	请赇	请赇9	请赇		请赇21	
			惊事							
			偿赃							
				水火16	水火	水火	水火	水火		水火7	

(续表)

		诸侯20	诸侯	诸侯			诸侯17		
		关市18	关市	关市	关市17	关市		市廛10 关津16	
								祠享3	
								朝会4	
六篇	九篇	十八篇	二十篇	二十篇	二十篇	二十篇	十二篇	廿五篇	十二篇

观此表则魏代之成文法，上接秦汉，下开隋唐，而为之枢纽，其间之统系甚明。

第六章　唐代之成文法

我国之成文法,至唐代而始极浩瀚,而其现存于今者,亦以唐之成文法为最古,故研究唐代成文法之编制,实属较易之业,而又最要之业也。唐之律名,凡有四种,一曰律,二曰令,三曰格,四曰式,此四者皆实质的法律也。《唐六典》云:"凡律以正刑定罪,令以设范立制,格以禁违正邪,式以轨物程事。"(卷六)《旧唐书·刑法志》云:"令者,尊卑贵贱之等数,国家之制度也。格者,百官有司所常行之事也。式者,其所守之常法也。凡邦国之政,必从事于此三者,其有所违及人之为恶而人于罪戾者,一断以律。"由此观之,则似令者为一般之国法,格者为行政法及民法律者为刑法,而式者则施行诸法之细则也。然考诸当时之载籍,其界限亦不甚分明,今举其名而推定其性质。

律　唐高祖初定天下,武德元年,诏以隋开皇律为适用,(隋有《开皇律》、《大业律》。《大业律》后起,烦苛,故以开皇为正。)而制定五十三条格以辅之,武德七年,以五十三条格入于律,(余悉为开皇之旧)名为新律,是即最初之唐律也。太宗贞观十一年,房玄龄等复加修定,篇目卷数条文,悉依隋旧,(《律》十二卷五百条)而内容大有殊异。(《旧唐书·刑法志》云,唐新律视隋律,死刑殆除其半。)高宗永徽三年,复命长孙无忌等删定律令格式,律之卷数仍旧,其内容有变易否,不可考。同时复命无忌等撰《律疏》三十卷,四年十月颁之天下,即今存之《唐律疏义》是也。武后垂拱元年，复有修改，而律惟改二十四条，其后终唐之世无所变。

令　武德七年，颁武德令三十一卷。贞观十一年，颁贞观令二十七卷，一千五百四十六条。永徽二年，颁永徽令三十卷。开元四年，颁开元前令三十卷。开元二十五年，又颁开元令三十卷。此外尚有麟德令、仪凤令、乾封令、垂拱令、神龙令、太极令，不知卷数。唐令沿革之见于史籍者如此，今诸书无一存，令之内容，不复可见，诚遗憾也。若欲求律与令之区别，则请列其篇数及篇目比较如下：

《律》十二篇五百条
一、名例　二、卫禁　三、职制　四、户婚　五、厩库　六、擅兴　七、贼盗　八、斗讼　九、诈伪　十、杂律　十一、捕亡　十二、断狱

《令》二十七篇一千五百四十六条
一、官品　二、三司三公台省职员　三、寺监职员　四、卫府职员　五、东宫王府职员　六、州县镇戍岳渎关津职员　七、内外命妇职员　八、祠令　九、户令　十、选举　十一、考课　十二、宫卫　十三、军防　十四、衣服　十五、仪制　十六、卤部　十七、公式　十八、田令　十九、赋役　二十、仓库　二十一、厩牧　二十二、关市　二十三、医疾　二十四、狱官　二十五、营缮　二十六、丧葬　二十七、杂令　（案，《官品》篇、《卤部》篇、《公式》篇，皆分为上下卷，故合三十卷）

此据《唐六典》卷三所载《唐令》之篇目也。《六典》之编纂，滥觞于开元十年，杀青于开元二十七年，此所举者，为开元四年之令，抑

开元二十五年之令,不可深考。要之唐令之内容,大率类是,其他虽有异同,当不相远。由此观之,则律令两者对象之目的物,固有相同者,(如律有卫禁,令有宫卫;律有户婚,令有户令;律有厩库,令有仓库、厩牧等。)而令之范围甚广,律之范围较狭也,令则普涉于一般国法,律则专限于刑法也。然则律与令二者非性质上之差别,(两者皆有固定的性质与格式异)而资料上之差别也,非如日本命令与法律之差别,实如日本刑法与其他法律之差别也。

格　唐时之格,其与律令之界限,最难分明。武德元年,制五十三条格,七年,则以入于律,是格变为律也。而贞观十一年所颁,则于律令之外,复有格七百条,永徽三年所颁。于律令之外,复有格十五卷,是格离律而独立也。自兹以往,武后朝则有《垂拱格》,(神龙元年删定)中宗、睿宗朝则有《太极格》,(太极元年奏上)玄宗朝则有《开元格》、(开元三年删定)《开元后格》、(开元七年删定)《开元新格》,(开元二十五年编纂)其后屡有修改,皆名为格,不名为律。盖自开元以后,无复有新律矣,是格与律有同一之效用也。考唐时所谓格者,有广义、有狭义,广义之格,律令格式之总名也。(宋王溥著《唐会要》卷三十九云,贞观十一年正月颁新格于天下,凡律五百条,令一千五百九十条,格七百条,以为通式。是律令或皆可通称为格也。)其狭义之格复分两种:

(一)留司格　属于曹司常务者,留存本司。
(二)散颁格　属于天下所共者,颁行州县。

此永徽间之分类也,其后遂以为常。然则留司格者殆近于行政法,而散颁格者殆近于普通之法律也。惟格与律之异,则律为特定之条文,格则集制敕以为之,故唐之格,可当汉魏晋之令。(亦可当日本之令)其视律之性质,微有差别也,但其所涉之范围则视律令(唐之所谓律令)皆广,凡律与令两方面,其条文有不具者,皆以格规定之,是格实律令两者之补助品也。《唐律》云:"诸制敕断罪临时处分不为永格者,不得引为后此。"(《唐律疏义》卷三十)然则凡制敕之被承认为格者,皆变成实质的法律,与律令正文有同一之效力明矣。自中宗神龙元年,有"格后敕"之编定,其后有贞元定《格后敕》、(贞元元年编)《开元格后敕》、(元和二年编)《元和格后敕》、(元和十三年编)《大中格后敕》(大中五年编)等,是又格之草案,而认为与格有同一之效力者也。

式　武德七年所颁,有式十四卷;贞观十一年所颁,有式四十卷;永徽二年所颁,有式十四卷;垂拱元年所颁,有垂拱式二十卷;开元三年、二十五年所颁,各有式二十卷;元和十三年所颁,有元和式三十卷。是唐代所颁式之大略也。格与式之差别,今不可深考,惟据《旧唐书·刑法志》所称,格以尚书省二十四司(唐官制,尚书省所属凡二十四司)为篇目,式以尚书省列曹及秘书、太常、司农、光禄、太仆、少府及监门、宿卫、计账为篇目。至其渊源及性质,有何差异,尚俟考定。(《宋史·刑法志》引神宗诏书云:"设于此以侍彼之谓格,使彼效之之谓式。"不知唐时格式之区分实如此否,但即神宗此文,我辈读之仍苦不明了也。)

通有唐一代,其编纂法典事业,凡有七役:(一)武德间,(二)贞观间,(三)永徽间,(四)垂拱间,(五)开元间,(六)元和间,(七)大中间。就中永徽、开元两役尤为重要,盖刑法之大备,自永徽时代;而行政法之大备,自开元时代也。

日本博士织田万氏谓我国行政法法典,发达最早,而推本于《周礼》,此其言吾虽未能纯表同情,然近世学者解释行政法之定义,谓

第六章 唐代之成文法

行政法者,总括关于政权作用之法规的全体也。此定义若当,则今传之《唐六典》,足以当之矣。我国自汉以来,诸种法典中,虽偏重刑法,而关于行政作用之规定者,固已不少,特东鳞西爪,未沨成书,其《汉官仪》(应劭撰)、《魏官仪》(荀攸撰)、《齐职仪》(范晔撰)等书,(俱见《旧唐书·经籍志》)又属私家著述,未为成宪。迨唐玄宗开元十年,始命修《六典》。帝手写白麻子六条,曰理、曰教、曰礼、曰政、曰刑、曰事,凡亘十六年,经十数人之手,乃始完成。(陈振孙《直斋书录解题》引韦述《集贤记》注云:"开元十年,起居舍人陆坚被旨修是书。帝手写白麻子六条,曰理、教、礼、政、刑、事、令,以类相从,撰录以进。张说以其事委徐坚,思之经岁,莫能定。又委毋丘旻、徐钦、韦述,始以令格入。六司其沿革并入注中。后张九龄又委苑,咸二十六年,奏草上。"《唐会要》载,开元二十三年张九龄等撰是书,而今本卷首著"李林甫奉敕注"者。《四库提要》谓,开元二十四年张九龄罢知政事,及二十七年,林甫乃注成,独上之也。)其体裁分三师、三公尚书省及六部、门下、中书、秘书、殿中、内官、内侍各省、御史台、九寺三监、十六卫、二军,及太子、亲王、三府、都护、州县、官吏,各规定其职掌与其职员,而以理典、教典、礼典、政典、刑典、事典六部绾之,凡三十卷,实空前之一宏著也。盖至是而刑法以外,始别有独立之成典。后此《明会典》、《大清会典》,皆因袭以成,虽谓《唐六典》一书,为我国法制史上开一新纪元,可也。

《四库提要》"《唐律疏义》"条下云:"论者谓《唐律》一准乎礼,以为出入,得古今之平,故宋世多采用之。元时断狱,亦每引为据。明洪武初,命儒臣同刑官进讲《唐律》,后命刘惟谦等详定《明律》,其篇目一准于唐。"又云:"盖斟酌画一,权衡允当,迨今日而集其大成(案,此指《大清律例》也,原文以《大清律例》与《唐律》相比较,以文繁,故阙不录。)而上稽历代之制,其节目备具,足以沿波而讨源者,要惟《唐律》为最善。"据此则《唐律》之内容，及其影响于后世者，可以概见。夫以唐之行政法，(即《六典》)其影响之大而久也既若彼，唐之刑法(即《唐律》)，其影响之大而久也复若此。然则永徽开元间为我国法制史上一最重要之时代，不其益信乎。

《唐律》影响之大，不惟在本国而已，盖唐代文化，随其武功以远被于亚洲诸国，而法律即所播文化之一种也，故高丽、日本、安南诸国，皆以彼时代继受我之法系。(日本博士奥田义人《法学通论》云："我国尝汲文化之源于支那，故代表文化之法律亦皆继受支那法系，当天智天皇之朝，始据《唐律》为母法，以编纂律令，其后天武文武等诸朝，数经改正。元正天皇之朝，编律令各十卷，名为《养老律令》，实我国古代成文法之沿革云云。"案，彼天智天武，当我唐高宗时。彼文武，当我唐中宗时。彼元正，当我唐玄宗时也。)计自梁武帝中大通六年(西历五百三十四年)，罗马法律全典成立，隋开皇以迄唐永徽(西历五百八十年至六百五十年)，而我国法典大成。世界两大法系，同以此百年间，臻于全盛，不亦异耶。

《唐书·经籍志》载，有《僧格》一卷，实一种之特别法，虽未能视之与罗马寺院法同科，然亦可见当时法律之繁密进步矣。

开元二十五年，又颁《格式律令事类》四十卷，以类相从，便于省览。大中七年，复命张戣等编《刑法统类》六十卷，集律令格式条件相类者，一千二百五十条，分为一百二十一门颁之。此又一种类聚体之编纂法，为后世所承学者也。

第七章　宋代之成文法

宋代法典之多,实前古所未闻,每易一帝,必编一次。甚者每改一元,必编一次。盖终宋之世,殆靡岁不从事于编纂法典之业,其法典内容,非必悉相异,殆因沿前法,略加修正而已。然莫不衷然成一巨帙,少者亦数十卷,多者乃至数百卷,亦可谓极千古之壮观矣。今据群书列为一表,而略下推论。

（法典名）	（卷数）	（条　数）	（编纂者）	（编成年月）
●建隆刑统（或称开宝刑统）	三〇		窦仪、苏晓等	太祖建隆四年
●建隆编敕	四	一〇六	同	同
●开宝长定格			庐多孙	太祖开宝间
●太平兴国编敕	一五		太宗	太平兴国三年
淳化编敕	三〇		宋白等	太宗淳化二年三月
重删淳化编敕	二五		苏易等	淳化五年八月
●咸平新定编敕	一二	二八六	柴成务等	真宗咸平元年
●景德三司编敕	三〇		林特等	真宗景德二年九月
景德三司新编敕	一五		同	同
●景德农田编敕	五		丁谓等	景德三年正月
●大中祥符编敕	三〇	一三七四	陈彭年等	真宗大中祥符九年
●诸路转运司编敕	三〇		同	同
一州一县新编敕	五〇		李迪等	真宗天禧四年二月
一司一路编敕	三〇		同	同年十一月
天圣删定咸平编敕			夏竦、蔡齐等	仁宗天圣七年

天圣附令敕	一	五〇〇	同	同
●天圣令	三〇		吕夷简等	天圣七年
●天圣编敕	三〇		宋庠等	天圣十年
诸路宣敕（天圣中刊正祥符敕）	一二			天圣中
●举明自首敕				同
●景佑一司一务编敕	四四		吕得象	仁宗景佑二年六月
景佑刑名敕	五		同	同年六月
庆历编敕	一二			仁宗庆历七年正月
庆历一司敕		二三一七		庆历中
庆历一路敕		一八二七		同
庆历一州一县敕		一四五一		同
●嘉佑禄令	一〇		韩琦等	仁宗佑二年十月
●嘉佑驿令	三		同	嘉佑四年正月
嘉佑编敕	三〇	一八三四	同	同七年四月
嘉佑敕审官院编敕	一五		王珪等	同
在京诸司务库条式	一三〇		同	英宗治平二年六月
●熙宁编敕	二六		王安石等	神宗熙宁六年八月
编修三司敕式	四〇〇		同	同七年三月
诸司敕式	四〇		同	同九年九月
诸司敕令格式	一二		同	同十年二月
熙宁详定刑部敕	一		范镗	同十年十二月
详定军马司敕	五		吴充等	同九年十二月
礼房条例	一三		李承之等	同八年二月
新修审官西院条贯	一〇		沈立	熙宁中
新编大宗正司敕	八			同
新定诸军直禄令	二			同
将作监式	五		曾肇	同
八路敕	一		蒲宗孟	同
熙宁新定孝赠式	一五		章惇等	同

熙宁新定节式	二	同	同
熙宁新定时服式	六	同	同
熙宁新定皇亲禄令	一〇	同	同
司农寺敕	一	同	同
熙宁将官敕	一	同	同
●熙宁帝平敕	三〇		同
熙宁详定军马敕	五	吴充等	同
熙宁详定诸色人厨料式	一	沈括等	同
熙宁新修凡女道士给赐式	一	同	同
熙宁葬式	五五	张叙等	同
熙宁五路义勇保甲敕(又总例)	六	张诚一等	同
学士院等处敕式	一二	同	同
御书院敕令式	二	同	同
●熙宁贡举敕	二		同
熙宁开封底界保甲敕	二	许将等	同
●熙宁八路差官敕	一		同
元丰诸司敕式		安焘等	神宗元丰二年六月
●司农敕令式	一五	司农寺	同二年九月
●元丰敕令式	七一	崔令符等	同七年
元丰修正敕令格式	二〇〇六	修敕局	元丰中
●元丰广案	二〇〇		同
元调新定在京人从敕式三等		沈希颜	同
元丰新修国子监大学小学之新格及令	二三	李定等	同
●元丰江湖盐令敕	六		同
武学敕令格式	一		同
明堂敕条	一		同
新修尚书吏部式	三	曾阮	同
元丰将官敕	一二	蔡硕	同

贡举医局龙图天章宝文阁			
等敕令仪式	四一〇	同	同
宗室及外臣葬敕令式	九二		同
皇亲禄令及厘条敕式	三四〇		同
提举市易司敕令并厘正看详	二一	吴雍都	同
部条	一九		同
●元佑敕令格式	五六	苏颂等	哲宗元佑二年十二月
六曹条贯及看详	三六九四册		元佑中
元佑诸司市条敕令格式	二〇六册		同
●元佑贡举敕	三		同
六曹敕令格式	一〇〇〇		同
枢密院条及看详	五〇		同
●元符敕令格式	一三二		哲宗元符中
绍圣续修武学敕令格式看详			
并净条	一八册		徽宗建中靖国元年
绍圣续修律学敕令格式看详			
并净条	一二册		同
诸路州县敕令格式并一时指挥	一三册		徽宗崇宁中
诸路将官通用敕	二〇		同
六曹格子	一〇册		同
●崇宁通用贡举法	一二		同
中书省官制事目格	一二〇		同
尚书省官制事目格并参照	六七册		同
门下省官制事目格并参照	七二册		同
国子大学辟雍并小学敕令格式	一六八册		同
●崇宁申明敕令格式	二		同
●大观州县学法	一〇		徽宗大观中
●大观新修学制	三		同
●大观学制敕令格式	三五		同

政和新修学法	一三〇	郑居中	徽宗政和中
宗子大小学敕令格式	一五册	李图南	同
●政和重修敕令格式	五四八册	何执中	同
政和禄令格	三二一册		同
达纲运法并看详	一三一册	张动直	同
政和敕令式	九〇三	王韶	同
政和新修御试贡士敕令格式	一五九	白时中	同
政和重修国子监律学敕令格式	一〇〇	孟昌龄	同
明堂敕令格式	一二〇六册		徽宗宣和初
●绍兴重修敕令格式	一二五	张守等	高宗绍兴元年八月
绍兴重修在京敕令格式	四二七	宰成等	同十年十月
六曹寺监通用敕令格式申明看详	四六三	同	同十三年四月
国子监敕令格式	一四	同	同年十月
大学敕令格式	一四	同	同
武学敕令格式	二〇	同	同
律学敕令格式	一〇	同	同
小学令格	二	同	同
●重修贡举敕令格式	四五	万俟卨	同廿六年十二月
绍举重修吏部敕令格式	一〇二	朱胜非等	绍兴中
绍兴重修常平免役敕令格式	五四	秦桧等	同
绍兴参附尚书吏部敕令格式	七〇	陈康伯等	同
乾道重修敕令格式	一二二	虞允文等	孝宗乾道四年十一月
绍兴申明刑统			孝宗淳熙十一年
淳熙条法枢要		潘焘等	同三年十月
淳熙条法事类	四二〇		同七年五月
淳熙重修敕令格式及随敕申明	二四八		同三年三月
淳熙吏部条法总类	四〇		同
●庆元重修敕令格式及随敕申明	二五六	京镗等	宁宗庆元二年二月

役法撮要	一八九	庆元六年
庆元条法事类	四三七　同	宁宗嘉泰二年八月
开禧重修吏部七司敕令格式		
申明	三二三	宁宗开禧元年
嘉定编修百司吏职补授法	一三三	宁宗嘉定六年三月
嘉定编修吏部条法总类	五〇	同
淳佑条法事类	四三〇	理宗淳佑十一年四月

（说明）上表所据（一）《宋史·刑法志》、（二）《宋史·艺文志·史部·刑法类》、（三）《文献通考·经籍考·史部·刑法类》、（四）明焦竑《国史·经籍志》。其加●识于首者，焦书所著录，至明末犹存者也。

由此观之，则宋代成文法之汗牛充栋，实有足惊者。宋末之乱，荡去者当不少，而元初修宋史，其粲然具备也尚若此。直至焦弱侯时，其所及见者犹不下四十种，逮本朝修《明史·艺文志》、修《四库书目》，则已竟无一卷之著录，岂明末之乱尽成灰烬邪，抑尚有之而屏勿录邪？呜呼，使以上诸书有一二种流存于人间，则其裨补于律学之研究者，固不浅鲜耳。

宋代成文法虽多，然大率编辑诏敕以成，其真可称为立法事业者，惟神宗时代耳。《宋史·刑法志》云："神宗以律不足以周事情，凡律所不载者，一断以敕，乃更其目曰敕令格式，而律恒存乎敕之外。熙宁初，置局修敕，诏中外言法不便者，集议更定，择其可采者赏之。元丰中，始成书二千有六卷，复下二府参订，然后颁行。帝留意法令，每有司进拟，多所是正，尝谓法出于道，人能体道，则立法足以尽事。又曰，禁于未然之谓敕，禁于已然之谓令，设于此以待彼之谓格，使彼效此之谓式，修书者要当识此。于是凡入笞杖徒流死，自刑名以下至断狱，十有二门，丽刑名轻重者，皆为敕。自品官以下至断狱,三十五门,约束禁止者,皆为令,命官之等十有七,吏庶人之赏等七十有七,又有倍全分厘之级,凡五等,有等级高下者,皆为格,表奏章籍关牒符檄之类,凡五卷。有体制模楷者,皆为式。由此观之,则宋代法典之性质略可推见焉,其敕即前代之律,专属于刑法者也。其令与格,则一般之法律,不属于刑法者也,其式则判决例等附焉。而神宗时所编纂者,起熙宁初,迄元丰中,前后凡亘十余年,(熙宁凡十年,元丰凡八年。)而其书衷然为二千余卷,实可称上凌千代、横绝五洲、最庞大之法典也。天丧斯文,无一字传于今日,惜哉!(案,此法典编纂之沿革及其卷数,惟见于《刑法志》,而《宋史·艺文志》及《文献通考》皆不著录,可谓咄咄怪事,谓未成之业耶?而《刑法志》固明言颁行矣,岂此书为总名,而前表所列熙宁元丰间各种敕令格式凡四十余种者,即其一部分耶?)

宋代法典,既无一传于今者,故其内容不可考见,惟据存目以推度之,其特点有三:

(一)前代偏重一般法,宋则多有局部法,如一州一县一司一路法等是也。

(二)前代偏重普通法,宋则多有特别法,如关于皇族,关于将官,关于在京人,多为特别之规定是也。

(三)前代偏重刑法,宋则多有刑法以外之法,前表所列,多属于行政法之范围,熙宁元丰间尤多。

终宋之世,殆无岁不从事于编纂法典之业,此又其与前代异者也。就此事论之,则亦得失参半。其所得者,则能使法律常与社会现象相应,不至成为纸上僵石;其所失者,则根本法屡动摇,民无所适从,而吏且得因缘为奸也。

第八章 明清之成文法

（木章资料取材于日本博士织田万著《清国行政法》者十而三四，不敢掠美，谨注明。）

今世现行成文法，其大体殆全袭前明，故明清两代，当合论之。

（一）刑法

明太祖平武昌，即议律令。吴元年，命左丞相李善长为律令总裁官，杨宪、刘基、陶安等二十人为议律官，遂撰令一百四十五条；律二百八十五条；又命大理卿周桢等取所定律令类聚成编，训释其义，名曰《律令直解》。及洪武六年，诏刑部尚书刘惟谦定《大明律》篇目，一依《唐律》，而增为六百有六条。二十二年，复取比年所增以类附入，成四十卷，即今所传之《大明律是》也。其篇目如下：

《名例律》一卷四十七条

《吏律》二卷职制十五条　公式十八条

《户律》七卷户役十五条　田宅十一条　婚姻十八条　仓库二十四条　课程十九条　钱债三条　市廛五条

《礼律》二卷祭祀六条　仪制二十条

《兵律》五卷官卫十九条　军政二十条　关津七条　厩牧十一条　邮驿十八条

《刑律》十一卷盗贼二十八条　人命二十条　斗殴二十二条　骂詈八条　诉讼十二条　受赃十一条　诈伪十二条　犯奸十条　杂犯十一条　捕亡八条　断狱二十九条

《工律》二卷营造九条　河防四条

其《名例律》所规定者，与近世诸国之刑法总则相当，如刑之适用、刑之加减，与夫恩典、赦免、数罪俱发等具焉。其《吏律》所规定，则官吏惩戒法也。其《户律》所规定，则淆乱户籍罪、怠纳租税罪、违反度量衡罪等具焉。其《礼律》所规定，则上自皇室，下至百官之婚嫁丧葬等规则具焉。其《兵律》所规定，则如各国之海陆军刑法也。其《刑律》所规定，则强盗、窃盗、杀人、伤人、殴打、骂詈、诈伪、猥亵、逃亡、放火、失火等诸科罪法具焉，即各国刑法之大部分也。其《工律》所规定，则决水及破毁营造物诸罪具焉，各国所谓普通刑法特别刑法，揉杂而成。此其内容之大概也。

清代凡百皆因明旧。顺治三年，命吴达海等译《明律》，参以满制，为《大清律》十卷，颁之。雍正三年，复颁《大清律集解》三十卷。乾隆五年，《大清律例》成，以例为一种法典之名自兹始。律与例性质之差别如下。

（道光三年吴廷深撰《新增律例统纂集成序》）其曰例者，王制之所谓比是也。古者狱辞之成，必察小大之比。律尚简而例独尚繁，非简不足以统宗，非繁不足以征引。

（道光六年祁垍撰《新修律例统纂集成序》）律一成而不

易,例则逐年增删。五年一小修,又五年一大修,通行天下,俾知遵守。故律文自雍正年删改增并,合为四百三十六门,至今仍循其旧。条例世轻世重,因时地而酌量变通,增纂删改,款目繁多。

(道光九年常德撰《增修律例统纂集成序》)律犹日星,悬诸天壤而不可易,例则如缠度次舍之运行,或日易焉,或岁易焉。故天道五岁而一祧,星家于是有置闰之法,律例亦五岁而一辑,法家于是有增修之文。

(同治六年王凯奏撰《重修律例统纂集序》)是故断法有律,而准情有例。律守一定,而例则因时为变通。

(光绪四年应宝时撰《增修律例统纂集成序》)汉自萧相国采摭秦法,作律九章,此律之名所由始,而后人申言之曰例者,则王制之所谓比也。比则察其小大,而狱之轻重判焉。

由是观之,律者永久不变之根本法也,例者随时变通之细目法也。其在明代,永乐间尝诏法司问囚,一依《大明律》拟议,毋妄引榜文条例为深文。成化元年,又令谳囚者一依正律,尽革所有条例;十三年,刑官复上言洪武末定《大明律》后,列圣因时推广之而有例,例以辅律,非以破律也。(俱见《明史·刑法志》)然则律与例之关系,殆如今世各国法律与命令之关系,不得以例破律,犹不得以命令变更法律也。虽然,律者一成而万古不易者也,其与时势之推移,不能相应,此无如何者也;而条例则世轻世重,准社会现象以为衡,故条例所定,自难保无与律相矛盾,以近时法理论之,司法官只能用法,不能制法,故判决例万不能认为法律。(若判决例经国家采用、承认,编入成文法中者,则已为律而非复为例矣。)虽然,在古代立法机关未备,裁判官于裁判之际,得以己意所推条理,变更补正成法者,往往而有,我国之条例实属于此种,英人米因氏所谓"判事制定法"也。故《明史·刑法志》又云:"自成化以后,律例并行,而弘治万历间,屡次钦定条例。"盖与律有同一之效力矣。及乾隆定《大清律例》,始以例与律并列,而嘉庆《续修会典》卷四十一云:"有例则置其律,例新有者则置其故者。"又云:"断狱者当以改定之例为准,不必拘泥律文。"又《刑案汇览》卷十四云:"查律乃一成不易,例则随时变通,故有律本轻而例加重者,亦有律本重而例改轻者。"然则非徒可以例破律,而律与例有相矛盾者,且适用例而不适用律矣,故我国现行律例之性质,盖如各国旧法律与新法律之关系。(旧法律与新法律抵触者,则以新法易旧法。)非如各国法律与命令之关系也。(不得以命令变更法律。)

故就律之一方面论之,今律可云即唐律之旧,亦即魏晋律之旧,亦即萧何李悝之旧,试列其篇目之分类比较之。

法经	萧何律	晋 律	唐 律	明清律
具法	具律	刑名	名律	名例
		宫卫	卫禁	宫卫
		违制	违制	职制
	户律	户律	户婚	户役婚姻
	厩律	厩牧	厩库	厩牧仓库
	兴律	兴律	擅兴	军政
盗法 贼法	盗律 贼律	盗律 贼律	贼盗	贼盗
			斗讼	斗殴诉讼

113

(续表)

		诈伪	诈伪	诈伪
杂法	杂律	杂律	杂律	杂犯
捕法	捕律	捕律	捕亡	捕亡
囚法	囚律	囚律	断狱	断狱
		毁亡 告劾 系讯		
		请赇		受赃
		水火 诸候		
		关市		市廛 关津
				祭祀 仪制
				公式 田宅
				钱债 课程
				邮驿 人命
				骂詈 犯奸
				营造 河防

（《四库书目提要·史部·政书类》，《唐律疏义》条下云："凡唐律篇目，今所沿用者，有名例、职制、贼盗、诈伪、杂犯、捕亡、断狱诸门。其唐律合而今分者，如户婚为户役、婚姻，厩库为仓库、厩牧，斗讼为斗殴、诉讼诸门。其名稍异而实同，如卫禁为宫卫、擅兴为军政诸门。其分析类附者，如关津、留难诸条，唐律入卫禁，今析入关津。乘舆、服御、物事、应奏不奏、驿使、稽程、以财行求诸条，唐律俱入职制，今分析入体律之仪制、吏律之公式、兵律之邮

驿。刑律之受赃、谋杀人诸条,唐律入盗典,故今悉入。人命、殴骂祖父母父母诸条,唐律并入斗讼,今析为两条,分入斗殴、骂詈。又奸罪、市司、平物价、盗决、隄防、毁大祀、丘坛、盗食田园瓜果诸条,唐律俱入杂律,今分析入刑律之盗奸、户律之市廛、田宅,工律之河防,礼律之祭祀。"此以唐律与今律比较言,其渊源所自出,最为分明。盖今律十之七八本诸唐律矣。)

此以言夫律也,若夫例,则自乾隆间定章,五年一纂修,虽未尝为严格的实行,而自嘉庆以来,续纂修改既已不少,今列其目。

嘉庆六年　　纂修

十一年　　纂修

十九年　　修改

廿五年　　修纂

道光元年　　修改、续纂、纂修

五年　　续纂

六年　　修改

十年　　修改、续纂

十年　　修改、纂修

十九年　　修改

二十年　　修改、续纂

廿一年　　续纂

廿五年　　续纂

廿六年　　修改

咸丰二年　　修改、续纂、纂修

同治十二年　　修改、续纂

(历次纂修条例告竣,请进呈表文皆云:"臣等悉心参考,分为修、改修、并、移、改、续、纂、删除,各名目分列本例之首,粘贴黄签,并于本条之下逐条加具按语,分晰陈明,有原例者先列原例于前,次列现修新例于后云云。"是其纂修之体裁,大略分为五种:一修改,将原例条文略加正者也;二修并,将

115

原例二条以上合为一条者也；三移改，将原例条文移易其类属位置者也；四续纂，原例所无而新增入者也；五删除，原例所有而削去者也。又《律例增修统纂集成凡例》云："凡各省条奏及咨请、部示、准驳，供刑部随案修改例文，应纂为例。"是条例之渊源全出于判决时所推条理也。）

夫例既能与社会新现象相应，而其性质复与律有同一之效力，且律例抵触，而所适用者在例不在律，则律虽有根本法之虚名，而其中一大部分，已成僵石。今日法廷最优之势力，实判例之势力也，即米因氏所谓判事制定法也。我国所以当二千年后之今日，而犹得使行用李悝之法者以此；我国法律之性质所以不明了，而其效力所以不强固者亦以此。

（二）行政法

自《唐六典》既颁以后，历代相沿，如《元典章》、《明会典》，乃至现行之《大清会典》，咸汲其流，于是我国有二大法典：所谓律者，即刑法也；所谓会典者，即行政法也。而明清两代之会典，实并律之所规定者而悉收容于其间，故会典之与律例，实为全部法与一部法之关系，故研究会典之性质，实重要中之重要也。

明孝宗弘治十五年，修《大明会典》成，武宗正德五年，修正刊布。其书取则于《唐六典》，以官职为纲，以各部所属法规汇载于下，凡百八十卷，今述其编目。

卷一…………………………………………文职衙门　宗人府
卷二至卷十五………………………………吏部
卷十六至卷四十一…………………………户部
卷四十一至卷百〇五………………………礼部
卷百〇六至卷百廿五………………………兵部

卷百廿六至卷百四十六…………刑部

卷百四十七至卷百六十三…………工部

卷百六十四至卷百六十六…………都察院

卷百六十七至卷百八十…………通政司等

六部所占，凡百六十余卷，一切法规悉网罗于此间，其余诸卷，不过列官名与职掌，如《汉官仪》《历代职官志》等而已。今以六典所属之法规，与日本法规名目相比较，则吏部条下，凡官吏任用令、俸给令、惩戒令、官吏服务规则等在焉；户部条下，凡户籍法、地租条例、各种税法等在焉；兵部条下，凡关于军事及交通之法规等在焉；工部条下，凡河川法及工事营造规则在焉；刑部条下，则《大明律》全文悉载之，实明代最详博完备之成典也。

清代自康熙二十三年，始仿明故事，从事于会典之编纂，二十九年颁布之，其后雍正十年续修，乾隆二十九年第三次续修，嘉庆十八年第四次续修（皆举颁布之年）即现行之《大清会典》是也，康熙本为百六十卷，（雍正本同）乾隆本删为百卷，今本复删为八十卷。盖康雍间事属草创，且纂修官分任各门，殊缺统一，故不免枝蔓复沓，迨乾隆而体例始完。及嘉庆中叶，距成书时殆六十年，其重要之事例，新发生者不少，故有续纂之举。最后则同治十二年，发请为第五次续修，开馆二十余年，草案将成，经团匪之乱，悉罗兵燹，是以至今不就。此《大清会典》编纂沿革之大概也。

乾隆《钦定大清会典·凡例》曰："以典章会要为义，所载必经久常行之制，兹编于国家大经大法，官司所守，朝野所遵，皆总括纲要，勒为完书。"其于会典二字之定义，及会典全书之性质，言之无余蕴矣。盖《大清会典》中，举凡《大清会典》及其他成文不文法，罔不包举，而所尤注重者，则行政机关之组织权限，及事务之准则,严密规定。日本织田万氏谓,现今各国除葡萄牙外,无一国焉有专编之行政法典,其最浩博之行政法,惟现行之《大清会典》,非虚言也。(织田氏谓,欧洲诸国所以无行政法典者,一因其行政法之性质不便于编于法典;二因研究未充实,不能立一定不变之准则。而我国则立于此通例以外,故行政法典早发达云。)

会典既为经久常行之大法,是则所谓根本法也。根本法固不可屡动摇,故乾隆本《凡例》又云:"嗣后如有因时损益之处,其畸零节目,止于则例内增改,既有关大体者,亦止刊补一二条,无烦全书更动,庶一劳永逸,以便遵循。"是其尊重根本法之精神,略可推见。然社会现象推移,终非可以一成不变之法,而适用于永久也,于是乎于《会典》之外,复有《则例》。《会典》其大纲法,而《则例》其细目法也。行政法之以例辅典,犹刑法之以例辅律也,我国古代编纂成文法之事业,虽极盛大,然大率捃摭先例以成,其发达约如近世之国际法。(国际法纯以先例为主)其严定法与例之区别者,实自清代始,乾隆《御制会典序》云:"向者发凡排纂,率用原议旧仪,连篇并载,是典与例无辨也。夫例可通,典不可变,今将缘典而传例,后或摭例以淆典,其可乎?于是区会典、则例,各为之部而辅以行。"又《凡例》云:"以典为纲,以则为目,庶详略有体。"观于此,则会典与则例之性质,较然甚明。织田博士曰:"二者之差异及关系,恰如近世立宪国家宪法之与法律。"虽比拟不伦,而不得谓无相类之点也,其关系既已若是,以法理论之,则例宜不得与典矛盾,苟有矛盾,则其例当不适用,虽然事实上乃正与之相反,典例异趋,数见不鲜,而当其例未经采以入典、变更典文之时,则例行而典之效力且中止焉。此实我国特别之理论,而非可以普通理绳之者也。

第八章 明清之成文法

如是则则例之性质及其编纂法，不可不更置一言。则例者，施行《大清会典》时所起之实例也，凡行政官当执行政务时，每生疑义，则或陈其委典，或自拟办法，经长官以请于中央政府，由所属之部，审议奏闻，得旨施行，乃著为例，其性质与各国之法律经君主裁可、公布者无以异；且其例非徒约束行政官吏而已，即对于一般人民，亦生效力，此实一种之成文法，而非可以寻常之惯习先例目之者也。则例之对于典，与条例之对于律，其关系全相同，虽然有一异焉，条例与律，合为一法典，称之曰律例，非有二书也。则例之与会典，其在乾隆前，每将例之重大者，编入典中，体裁虽一如律例，及嘉庆续修时，其编纂法大加改良，于《大清会典》八十卷外，别有所谓《大清会典事例》者九百二十卷，同时发布，而《会典事例》，名实皆为例而不为典，纯然为独立之一种成文法。此其与刑法上律例之异点也。

则例之编纂，各部皆有定期，《钦定吏部则例奏疏》云："各部则例，每十年奏请纂修。"《钦定户部则例》云："嗣是五年一修，如刑部律例馆之例。"是其编纂泐有定期，而各部非必尽一。虽然，中经多故，斯举亦非实行，同治十二年纂修《吏部则例奏疏》云："查臣部自道光十九年，奏明续修别例，至二十三年修竣以后，迄今三十年之久。"然则其不遵依定期甚明。而近数十年来，此业益付诸等闲，蹉跎不举，又众所共见矣。则例之种类，可大别之为一般则例、特别则例之二种，今略举其目。

（甲）一般则例 ｛大清会典则例
大清会典事列
吏部则例
户部则例
礼部则例
工部则例｝ 刑部无专属本部之则例，盖刑部所宜规定者，不外刑律之适用，而凡此皆入条例之部分，不入则例之部分也。兵部亦无专属本部之则例，其理由未详。

119

(乙)特别则例 { 赋役全书 / 督捕则例 / 中枢政考 / 八旗则例 / 学政全书 / 物料仿置则例 / 六部处分则例 / 户部漕运全书 / 大清通礼 }　《通礼》及《服役全书》、《学政全书》、《漕运全书》等,虽无则例之名,实亦一种之则例也。六部处分则例,与日本之官吏惩戒令相当,故属于特别则例,非属于一般则例也。

第九章　成文法之渊源

我国历代相传及现行之成文法,裒然巨帙,充栋汗牛,求其所自出之渊源,蛛丝马迹粲然可见,今条举之。

一曰惯习　各国法律之大部分,无不从承认惯习而来,故在英国有 Common Law 之名,即惯习法,而英人所最尊者也,此其义举凡法学家言之已详,今不复述。而我国古今之立法家,亦不能外此公例者也。且我国儒家言,素崇信自然法,而谓自然法出于天,天之代表为人民总意,于是以人民总意为立法之标准。故曰,因其风不易其俗,齐其政,不易其宜。后世立法家,本此精神,以因应一切,故我国之重视惯习,视他国为尤甚,其承认惯习以为法律者必甚多,自无待言。

二曰君主之诏敕　我国数千年,为君主专制国,其法律惟采单纯的之命令主义,举凡君主下一诏敕,其效力直普及于国内。《书》之典、谟、训、诰、誓、命,皆当时及后世所尊为大经大法也,而除谟以外,皆属于君主诏敕。自汉以后,则"前主所是著为律,后主所是疏为令",(《史记·酷吏传》引杜周语)益成为一般国民之理想。故一切法文,其采集诏敕而成者,十而八九,至宋代则竟以敕代律,并其名而异之矣。(唐代有律令格式四种,宋代改为敕令格式。律之语源有平均、中正、为事物标准之意,敕令语源则诰戒而已。《说文·文部》"敕"下云:"诫也"。言部诫下云敕也。)故宋之法典,什九以编敕为名,诏敕与法律,几同体而不可分矣。

夫谓诏敕与法律同物，此近世法理所决不许也。虽然，无论何国之法律，必待主权者之裁可、公布，而始生效力，然则法律与主权者，本有不可离之关系甚明，而况乎在君主专制国，以"朕即国家"之主义为原则，法律既为国家意志之作用，则君主意志，即为法律，又理论上之一贯者也。征论吾国，即世界所共尊之罗马法律全典，Corpus Tnris Civils 合三种而成，其第一种曰"哥狄士"，Codex 即编纂巴特连奴帝 Patrians 以后诸帝之命令；其后续颁新典，名曰"那威尔"，Norelle 则亦编纂周士的尼安奴帝 Tustinnianus 三十年间所发之命令也，此亦与宋代之编敕无异矣。

然诏敕非一切与法律有同一之效力，其诏敕不含有立法之性质者无论矣，即含有立法之性质者，亦必经君主再度承认，或后之君主承认，以法律之形势公布之，然后永久之效力，乃始发生。《宋史·刑法志》记："宋仁宗尝问辅臣曰，或谓先朝诏令，不可轻改，信然乎？王曾曰，咸平所删太宗诏令，十存一二，何为不可？于是诏天下言敕得失。"是诏敕之不经再度承认，未成为法律之形式者，可以无效也。《晋书·刑法志》亦称："晋武帝修律，其权设之法不入律，悉以为令，违令有罪则入律。"是即经再度承认者，苟不以法律之形式布之，则其效力与法律仍有差别也。故君主之诏敕，谓为法律大部分之渊源则可，直谓之为法律，犹不可也。

三曰先例　所谓比，所谓故事，所谓章程，所谓品式，所谓格式，所谓条例，所谓事例，所谓则例，皆先例也。先例经主权者承认，即变为法律，其惯习条理学说等，大率皆先经采用，成为先例，复由先例间接以变为法律，此各国所同，我国亦如是。

四曰学说　采学说以为法律，实助长法律之进步最有力者也。罗马法所以能为法界宗主者，其所采之学说多，而所含之学

第九章　成文法之渊源

理富也,我国数千年来,可称为纯粹之法律上学说者甚希。虽然,我国有支配人心最有力之一物焉,曰经义。经义者,实一种尊无与尚之学说,后世一切之公私行为,动引为准则,而于立法事业,亦有影响也。汉初儒者,每引《春秋》及其他经义折狱,随即成为判决例,以供来者之比附,其见于史中者,历历可考见。至东晋元帝时,主簿熊远奏犹言:"凡为驳议者,若违律令节度,当合经传及前比故事。"又云:"诸立议者皆当引律令经传。"(俱见《晋书·刑法志》)又元魏真君时,以有司断法不平,诏诸疑狱,皆付中书依经义论决。(见《通典》卷一六四)然则礼经传与律令有同一之效力,至晋六朝间犹然矣。夫历代固未闻有采经传之文以制法律者,然法官引经义以判事,遂成为判决例,而判决例旋被采择以入法文,则间接而变为法律者,往往有焉矣。及汉末,而大儒叔孙宣、郭令卿、马融、郑玄,各为汉律章句数十万言,魏明帝时,遂采郑氏说以入律。晋武帝时,又以《魏律》专用郑氏,失诸偏党,复广采诸家,是国家承认学说为法律,信而有征者。魏晋以还,儒者读书不读律,学说阙如,于是立法家所凭藉之渊源,失其一种矣。

五曰外国法　今世各国现行法律,多取材于异国,其继受他国之法系者无论矣。(如欧洲大陆国继受罗马法系,美国继受英国法系,日本前此继受我国法系,近今继受罗马、英国两法系之类。)即一法系中所属之国,亦未尝不互相师法,弃短取长。虽谓今世各国法律,无一国不杂外国法焉可也,我国数千年自成一固有独立之法系,除最近所发表之商法、诉讼法外,未尝一与他法系交通,于此而谓我国法律之渊源,有出自法国者,其谁信之?虽然,最初之刑法,传自苗族,苗族与我,本为异国,然则充类言之,虽谓我为继受九黎法系,亦未始不可。及李悝著《法经》,其时诸国并立,悝以魏人而兼采六国法，是外国法可以为立法渊源之一原则，在成文法鼻祖之李悝，已承认之。及至元魏定《麟趾格》，间羼入东胡旧制，隋承周旧，唐律因之，其间是否全无魏法之分子，盖难言矣。然则谓外国法为我法律一种之渊源，亦不为过。

第十章　成文法之公布

日本人动引孔子"民可使由之,不可使知之"二语,以相诋谋,谓我国法律取神秘主义,不与民以共见,此实瞽说也。在昔罗马,贵族专政,故神秘其法律,利用平民无法律知识,得以肆其蹂躏,其后见迫,乃制定十二铜表之法。在昔希腊暴主,有名狄阿西尼亚者,每发一令,悬诸数十丈之柱头,使民不能读,而因以罔民,此欧西野蛮之旧则有之。而我国自古不如是也,其在《书·胤征》曰:"孟春之月,遒人以木铎徇于路。"其在《周礼·秋官·大司寇》曰:"正月之吉,始和,布刑于邦国都鄙,乃县刑象之法于象魏,使万民观刑象,挟日而敛之。"(五《官之长》文略同)《天官·小宰》曰:"正岁,帅治官之属而观治象之法,徇以木铎,曰,不用法者,国有常刑。"(《小司徒》、《小司寇》文略同)《地官·州长》曰:"正月之吉,各属其州之民而读法,若以岁时祭祀州社,则属民而读法亦如之。"《地官·党正》曰:"四时之孟月,则属民而读邦法,以纠戒之。"《地官·族师》曰:"月吉则属民而读邦法。"《地官·闾胥》曰:"凡春秋之祭祀、役政、丧幻之数,聚众庶,既比则读法。"《秋官·士师》曰:"正岁帅其属而宪禁于国中。"《秋官·讶士》曰:"凡邦之大事,聚众庶,则读其誓禁。"《秋官·布宪》曰:"掌宪邦之刑禁,正月之吉,执旌节以宣布于四方。而宪邦之刑禁,以诘四方邦国,及其都鄙,达于四海。"使《周礼》而非伪书,则我国古代于法典之公布,视为一重大之事甚明，夷考其公布之方法有三。

一曰揭示法。所谓悬法象魏者是也。罗马《十二铜表》，建诸公园，使民共见，正用此法。

二曰口达法。所谓徇以木铎者是也。法兰西第一共和时所颁宪法，使人鸣喇叭，走市中而诵其条文，正用此法。

三曰牒达法。布宪职所掌是也，由中央政府颁法于地方，所用之方法也。近日各国通行法，以公文或官报到达日生效力，正用此法。

然则当时公布法之完备也如此。不宁惟是，其各地方乡官，常属民读法，岁有定期，凡此皆惧民之不知法，设种种方术以使之周知者也。

《管子·首宪篇》云："正月之朔，布宪法于国，五乡之师，五属大夫，皆受宪法大史。中略遂于乡官，致于乡属，及于游宗，皆受宪。"是亦言公布法典之次第也。《商君书·定分篇》云："公问于公孙鞅曰：法令之当时立之者，明旦欲使天下之吏民皆明知而用之，奈何？公孙鞅曰：为法令置官置吏。中略诸官吏及民，有欲问法令之所谓也，(案，谓欲问法之所言者为何也。)于主法令之吏，皆各以其故明告之。"是商君以使人人知法令之所谓，为极要之政策，而司法官对于人民有说明法律性质之责任也。汉代法律，其公布之迹，虽不可考见，然以当时印刷术未兴，民间于一切文籍，皆传钞不易，而注律者犹十余家，家数十万言，则其成典之普及于民间，殆可推见。迨晋编新律成，特于太始四年元旦，大赦天下，以颁新律，其所以郑重之者至矣。六朝迄隋，皆循斯例，唐则以贞观十一年颁布《唐律》，永徽初颁布《律疏》，开元二十五年撰《格式律令事类》四十卷，诏于尚书都省写五十本，散于天下。自兹以往，历代每制一法,无不公布,成例相沿,不遑枚举。而其所以编纂及公布之意,无非欲使举国人民悉知法律,今略述历朝建议之言。

(周世宗显德四年中书门下奏)(前略)律令则文辞古质,看览者难以详明,格敕则条目繁多,检阅者或有疑误。(中略)方属盛明之运,宜伸画一之规,所冀民不陷刑,吏知所守。(下略)

(唐高宗永徽中赵曦奏)立法者,贵乎人人尽知,则天下不敢犯耳,何必饰其文义、简其科条哉?夫科条省则下人难知,文义深则法吏得便。

(中略)臣请律令格式,复更刊定其科条,言罪直书其事,无假文饰,使愚夫愚妇闻之必悟。

(明洪武十二年谕)律令之设,所以使人不犯法,田野之民,岂能悉晓其意?尔等前所定律令,凡民间所行事,宜类聚成编,直解其义,颁之郡县,使民家喻户晓焉。

由此观之,我国数千年来,皆执法律公布主义,且以使人民有法律智识,为国家之一义务,其事甚明。其间惟金代曾禁收藏制书,谓恐滋告讦之弊,实为二千年来我族所未尝行之虐政。然以不孚舆论,禁亦施弛。(《金史·弘汝霖传》云,旧禁民开收藏制文,恐滋告讦。汝霖言,昔子产铸刑书,叔向讥之者,盖不欲使民预测其轻重也。今著不刊之典,使民晓然知之,犹江河之易避而难犯,足以辅治,不禁为便。诏从之。)近今如《会典》、《律例》诸大法典,每撰成,随即颁布,而其余各种单行法令,亦以《京报》发表之。近世各国公布成文法之方法,每登载揭示于官报,法人马伊耶士谓,此法由我国最初发明,良不诬也。

且历朝尚有以律学课士之制,秦时命欲学法令者,以吏为师。汉建初八年,诏书辟士四科,其第二科曰明晓法律,足以决疑。魏文帝时,卫觊请置律博士,转相教授,从之。唐制科目有明法一科。宋初有刑法科,诏法寺主判官、诸路监司奏举,京朝官选人两考者,上等进秩补法官。仁宗天圣四年,复置律学,设教授四员,公试习律令生员义三道,断案生员一道,刑名五事至七事,私试义二道,案一道,刑名三事至五事。及元明以后制科纯用八股,然明试举子第二场,犹作判五条,盖亦奖厉读律之意也。凡此掌故,本不足为律学轻重,然此可见我国法律,本期与民共见,而决非日本人所讥为取神秘主义云云也。

第十一章　前此成文法之缺点

以上所列,于我国成文法编纂之历史,虽不能具,然大略可睹矣。夫吾所以絮絮数万言胪陈故实者,非为陈死人校功罪,毋亦鉴往知来,思为今后立法事业,有所补助也。今欲语将来之方针,请先论前此之阙点。

一、法律之种类不备。

近今学者言法律之分类,其说虽不一,而最普通者,则大别为公法私法之两种。公法者,所以规定国之组织,及国与人民之关系国与国之关系者也。私法者,所以规定人民相互之关系,及甲国人与乙国人之关系者也。(公法私法之界说,学者人言人殊,今所征引者日本梅谦次郎氏《民法原理》之说也。)公法之中,有规定国家之根本的组织者,是名宪法;有规定行政机关及其活动之规律者,是为行政法;有为国家自卫起见,科刑罚于犯法之人者,是为刑法;两独立国之间,互定其法律关系者,是为国际公法。私法之中,有规定一般私人间之权利义务者,是为民法;或于民法中,别取其关于商人商事者,为特别法以详定之,是为商法;有规定甲国私人与乙国私人间之权利义务者,是为国际私法。法律分类之大概如是,今以我国历代遗传及今日现行之成文法按之。

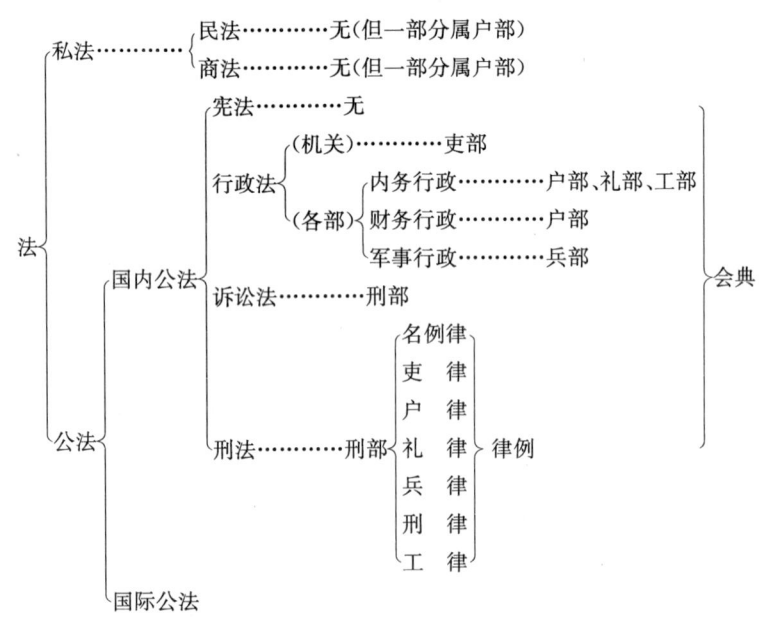

```
                ┌ 私法 ┬ 民法………无(但一部分属户部)
                │      └ 商法………无(但一部分属户部)
                │        ┌ 宪法………无                              ┐
                │        │        ┌(机关)………吏部                  │
                │        │ 行政法 │        ┌ 内务行政……户部、礼部、工部│
法 ┬ 公法 ┬ 国内公法┤        │        │(各部)┤ 财务行政……户部        ├ 会典
   │      │        │        │        └        └ 军事行政……兵部        │
   │      │        │ 诉讼法………刑部                                   │
   │      │        │                  ┌ 名例律 ┐                      │
   │      │        │                  │ 吏  律 │                      │
   │      │        │                  │ 户  律 │                      │
   │      │        │ 刑法………刑部    ┤ 礼  律 ├ 律例                  │
   │      │        │                  │ 兵  律 │                      │
   │      │        │                  │ 刑  律 │                      │
   │      │        │                  └ 工  律 ┘                      ┘
   │      └ 国际公法
```

（附言）上表本于日本浅井虎夫，见《史学杂志》第十四卷第八号，其比附本不能十分正确，因彼我异形，有非可似伦者也，姑录之以备参考。

我国法律界最不幸者，则私法部分全付阙如之一事也。罗马法所以能依被千祀，擅世界第一流法系之名誉者，其优秀之点不一，而最有价值者，则私法之完备是也。（其中债权法尤极完备，今世各国殆全体继受之。）故当近世之初，所谓文学复兴时代者，罗马法之研究，自其时始启端绪。而近世之文明，即于兹导源焉，其影响之大如此。近世各国法律不取义务本位说，而取权利本位说，实罗马法之感化力致之。夫既以权利为法律之本位，则法律者，非徒以为限制人民自由之用。而实以为保障人民自由之用。而人民之乐有法律,且尊重法律也,自不期然而然。此原理变迁之间,其关系不亦重乎?我国法律之发达,垂三千年,法典之文,万牛可汗。而关于私法之规定,殆绝无之,夫我国素贱商,商法之不别定,无足怪者。若乃普通之民法,据常理论之,则以数千年文明之社会,其所以相结合相维持之规律,宜极详备,乃至今日,而所恃以相安者,仍属不文之惯习;而历代主权者,卒未尝为一专典以规定之,故散见于户律、户典者,亦罗罗清疏,曾不足以资保障,此实咄咄怪事也,吾推原其故:(一)由君主专制政体,亘数千年未尝一变。彼罗马法律,虽大成于帝政时代,然实积共和时代之惯习法而来,故其法含有共和的精神。我国自战国以前,未脱酋长政治之史域,其后遂变为帝政,以迄今日,故法律纯为命令的原素,而丝毫不含有合议的原素,其于一般私人之痛痒,熟视无睹焉,亦固其所。(二)由于学派之偏畸。我国自汉以后,以儒教为国教,然儒教固取德治主义礼治主义,而蔑视法治主义,故言法者殆见屏于儒家之外。法家言于他方面虽不复有势力,而在法律界,仍以商韩为不祧之宗,夫儒家固常以保护私人利益为国家之天职者也。使纯采儒家所持主义以立法,则私法之部分,其必不至视同无物,无奈儒家言惟置重社会制裁力,而于国家之强制执行,不甚视为重要。其根本概念,与法治不能相容,故不得不任法家言占优胜之地位于法律界。而法家言则只知有国家自身之利益,(纯粹之法家言,本以国家之利益为标准,其后君主即国家之理想深入人心,于是更趋于君主之利益矣。)而构成国家之分子(即人民)之利益在所不计。儒法两派,不能调和,此所以法令虽如牛毛,而民法竟如麟角也。此实我文明进退稍长之一关键,不可不深察也。

次所遗憾者,则关于国家根本组织之宪法,未能成立也。夫宪法属于最近世之产物,吾国前此之无之,固不足怪。虽然,苟无此物,则终不足以进于法治国,何也？此为根本法,无之则一切法无所附丽,无所保障也。英人布黎士顿(Preston)尝有《清帝国宪法》之一论文(Constitutional Law of the Chinese Empire),介绍《大清会典》一书,谓其为永久不变之大法,与宪法相类。而日本织田万氏亦言会典与则例之关系,恰如立宪国宪法与法律之关系。虽然,此拟不于伦也,夫各国所谓宪法者,虽程度高下各有不同,然其内容大率分三大部：一曰国家组织之方法,二曰国家机关活动之规律,三曰国家分子对于国家之权利义务。三者缺一,不得谓宪法,而会典则惟有第二项,其第一第三项皆无有也,且宪法为国家之根本法,一切法律不得与宪法法文及法文所含之精神相触背,而会典之效力,反往往得以则例停止之也。故会典与宪法异者,非徒在程度问题,而实性质问题也。

二、法律之固定性太过。

法律之有固定性、静止性,其本质然也。虽然,法律以适于社会之需要为贵,而社会之进步变迁,瞬息未尝停止者也,以固定静止之无机的法律,而遇瞬息变迁之有机的社会,然则法律之形质,与社会之实况,常日趋于相离,此自然之势也。故法律不成文则已,既已成文,则无论若何敏捷之立法家,总不能使法律与社会适相应,而无一毫之隔膜,盖社会变态之速且幻,终非有文句之法律所能追及也。英国硕学米因曰："法律与社会的需要,两者之间,恒有一鸿沟焉,立法者宜思有以填之。其鸿沟之广狭,与填之之

第十一章　前此成文法之缺点

迟速,是即人民幸福之多少所攸判也。(Maine, *Ancient Law* 第十一章)夫鸿沟不能无所争者广狭耳,填之不能尽所争者迟速耳。凡在愈进步之社会,则其鸿沟之成也愈速,而其填之也愈难,而愈不可不亟。然能应于时势,急起直追,则又愈可以助长社会之进步,故鸿沟日日劈坼,日日塞填。坼者无已时,填者亦无已时,如形影竞走,未尝休息,而国民幸福,遂以日增。其在不进步之社会,则鸿沟之成也稍迟,而填之者亦不勉,顾以不填之之故,而不适之法律,遂益障社会之进步,于是法律与社会两者俱成静止之形,殆如僵尸毫无生气。虽然社会者为自然法则所支配,虽其变迁缘他阻力而致迟滞,顾终不能为绝对的静止而丝毫无变迁者也。积年既久,其与法律之鸿沟相去亦愈益广,非复小小补苴所能使之接近,而法律之大部分,遂不得不成秋扇,仅赖其小小部分,勉维持社会秩序于万一,则亦已同强弩之末。一旦社会忽遇外界之刺激逼迫,骤生出剧烈之变迁,则法律全部,无复足为社会之保障,而法遂成为博物院中之法,非复社会关系之法矣。我国以进步迟钝闻于世界,西人常谓马可波罗之《游记》,(意大利人当元时游历中国者)至今日犹与中国内地现状相合,然则以今日而适用前古之法律,其鸿沟似仍不甚相远。虽然,今之法律非他,唐律之旧也。唐律非他,汉律之旧也,汉律非他,李悝之旧也。夫李悝距今则二千余年矣,唐之距今则亦千余年矣,即曰社会进步淹滞,亦安有千余年前之法律,适用于千余年后,而犹能运用自如者。而试以今律校唐律,其间所损益者能有几何也。夫德国现行民法,由拿破仑时代所制定,(即《拿破仑法典》)距今不过百年耳,而运用之者,已觉其多不适而大困难,而倡议改正者且嚣嚣起。(日本《法学协会杂志》第二十三卷第一号穗积陈重博士著《佛兰西民法之将来》。)然则今之《大清会典》、《大法律例》，即使其当乾隆嘉庆间，果曾悉心研究，参合彼时代社会之现象以立案，然至今日，而其大部分已须改正，而况乎其所袭者实二千年前之旧也。

欧洲近世，自倍根（Bacon）首倡编纂法典之论，至最近世则英之边沁（Bentham）、德之提巴（Thibant）复鼓吹之，而反对论者亦大起，其反对论不一端，而最有力者，则谓为障社会之进步，其言曰成文法典者，使法律成为结晶体者也，结晶体光采烂然，外观甚美，而不能有生育发达之活力。（日本穗积陈重著《法典论》第四章）此论虽为近今多数学者所排，然以评我国法典与社会之关系，盖甚切当矣。我国社会进步之淹滞，其原因虽不一端，而受博物院中法典之障碍，实其重要原因之一，无可疑也。要之我法典之腐书，与社会之麻木，两者递相为因，递相为果，而前代编纂法典之人，固有不得不尸其咎者矣。

近世学者之论各国法律，多分为成文国与不文国之二种。欧洲大陆诸国，所谓成文国也；英美二国，所谓不文国也。若我中国，以历史上观之，宜属于成文国，而以近今事实证之，（即往古亦当然）则实可谓之不文国，何也？一切法律关系，实则仍遵惯习及判决例等以为衡，时或颁发多数之单行法。若夫朝廷所特制定、整然成书，号为一国之大经大法者，则不过以饰石渠天禄之壮观，而实际上之效力，反甚薄弱。此何以故？则以法律与社会之鸿沟太相悬绝也。

三、法典之体裁不完善。

甲　范围不确立

学者分法律之种类,又区为主法与助法。主法者,实体的法律如宪法、行政法、民法、刑法等是也。助法者,施行法律之法律,如议院法、选举法、行政裁判法、民刑事诉讼法,乃至其他为一时一事所制定之特别法皆是也。主法举大纲,助法明细目。主法贵简括,助法贵详密。主法以法律现象之大原则为准据,成一独立体,助法以主法为准据,不能触背主法。主法比较的固定不变,助法比较的与时推移。此其性质差异之大概也。法律中何者当属于主法之部分,何者当属于助法之部分,此立法者所最宜注意也。我国之会典与律,近于主法,则例条例,近于助法。然有一般之大纲宜为主法者,而以入诸则例条例之中,亦有部分之细目,宜为助法者,而以入诸会典与律之内。质而言之,则律之与例,会典之与则例,果以何者为界线,彼立法者自初未尝设有一严格的区别也。夫宜为主法者而入诸助法,则效力不强,而授官吏以出入、上下、因缘为奸之隙。宜为助法者而入诸主法,则主法太繁碎猥杂,失弹力性,缘夫时势之变迁,而主法遂不得不成僵石。夫即以《大清律例》中之律论之,其中固有一大部分,属于琐碎节目,万不能以入于主法的刑法者,而竟充塞盈帙焉。其不能实施适用,而徒化为一种之装饰品,不亦宜乎。

日本穗积陈重论法典之范围曰(《法典论》第五编第二章):

法典之范围,当便宜画定,非必一切法律,悉编入一法典中也。如民法法典中,画其关于商事者,别为商法。刑法法典中,画其关于军人犯罪者,别为海陆军刑法。此其最著者也,其他不应编入法典之法律,其种类甚多,今举其重要者。

　　一附属于单行法之法规,如邮便罚则,当附属于邮便法;租税罚则,当附属于租税法,不必揭诸刑法中。

　　一频须变更之法律。

　　一有实施期限之法律。

　　一别须细密规定之法律。

　　一限于一地方或一种之人民所施行之特别法。

　　一如商业法、工业法、农业法、矿业法、森林法、海上法等,凡一切要特别规定之法律。

由是观之,则范围之限制,与法典之良楛,大有关系焉。我国之法典,如卖菜求添,惟多为务,此所以支离漫漶,不适于用也。

乙　主义不一贯

穗积陈重曰:"凡编纂法典者,必先确定其主义,如编纂宪法者,将取国家主义乎,抑取君主主义乎,抑取民主主义乎;其民法人事篇,将取家族主义乎,抑取个人主义乎;其财产篇将取完全所有权主义乎,抑取有限所有权主义乎;其相续篇将取分配主义乎,抑取总领主义乎;其在商法将取保护主义乎,抑取助长主义乎,抑取放任主义乎;其在刑法,将援据罪恶必罚之正理,而取绝对主义乎,抑取对立主义,而于复仇、恐吓、改良、防御诸主义中择其一乎,抑取折衷主义乎;又如治罪法、诉讼法,将取口诉主义乎,抑取书诉主义乎,将取听讼主义乎,抑取审纠主义乎;如裁判所构成法,将取合议裁判主义乎,抑取单独裁判主义乎。每当编一法典,则其通于法典全体之大主义,及其为一部基础之小主义等,皆不可不豫定之,否则全典脉络不贯通,而彼此矛盾之弊遂不可免。"

以上所述,为近世科学发达以后,据科学的方法以编纂法典者之所言也,自不能以责诸前古人。虽然,我国前此之法典,其编纂太无意识,去取之间,绝无一贯的条理以为之衡。故一法典中而其文意相矛盾者,指不胜屈,使用法者,无所适从,而法典之效力以相消,而不复存,此不得不谓编纂方法拙劣之所致也。

丙　纲目无秩序

立法家之脑力,无论若何伟大,断不能取社会现在、将来之现象而悉计及之,自不能取社会现在、将来之法律关系而悉规定之。何也?人之心理,自由活动者也,其活动固非有一成不变之规律,即有之,亦非人智之所能及也。而法律者,向于现在、将来而有效力者也,苟现在、将来所起之法律关系,而法律绝无所规定,则法律之用将穷。故善立法者,于纲目之间,最所注意焉。先求得其共通之大原理,立以为总则。比利时硕学普兰斯(现今世界三大刑法家之一)曰:"所谓犯罪者,非犯刑罚法之谓,谓其违反于产出法典条文之大原则也。如犯杀人罪者,非必其犯刑法之一条,以其犯不可杀人之原则也;犯窃盗罪者,非必其犯刑法之一条,以其犯不可窃盗之大原则也。"(《最近刑法论》第二卷第一章第二节)故立法者,苟欲取犯罪之现象,无小无大,无正无变,而悉规定诸条文之中,则其势必有所不给矣,故纲举而目自从,纲不举,则虽胪目如牛毛,犹之无益也。岂惟刑法,凡一切法皆若是矣。我国今日现行两大法典,其《大清会典》,无所谓总则,不必论矣。其《大清律例》,沿晋唐之旧,首置《名例律》一门,颇有合于总则之义。虽然《大清律例》之《名例律》,有非贯通于全律之大原则而亦入其中者,有贯通于全律之大原则而不入其中者,谓《名例律》足以包举诸律焉不得也,谓诸律悉无触背《名例律》焉不得也。故《名例律》者,有总则之名,而未能全举其实者也。夫《大清律例》为发达最古、稍称完备之书,而犹若是,其他更无论矣。此我国法律所以等于头痛灸头、脚痛灸脚,支离灭裂,而终不足以周社会之用也。

四、法典之文体不适宜。

英国硕学边沁尝以法律之文辞,比诸宝玉,诚重之也。法律之文辞有三要件,一曰明,二曰确,三曰弹力性。明确就法文之用语言之。弹力性就法文所含意义言之。若用艰深之文,非妇孺所能晓解者,时曰不明,此在古代以法愚民者恒用之,今世不取也。确也者,用语之正确也,倍根曰:"法律之最高品位,在于正确。"是其义也。弹力性者,其法文之内包甚广,有可以容受解释之余地者也。确之一义,与弹力性之一义,似不相容,实乃不然,弹力性以言夫其义,确以言夫其文也。倍根又曰:"最良之法律者,存最小之余地,以供判官伸缩之用者也。存最小之余地,则其为确可见;能供判官伸缩之用,则其有弹力性可见。然则二者之可以相兼明矣,我国法律之文,明则有之,而确与弹力性两种,皆甚缺乏。

《大清律例》卷首,于律中文辞之用法,虽有说明,然其细已甚,且不完备。以我律文与今世诸国之法文相较,其正确之程度,相去远矣。若夫弹力性,则我律文中殆全无之,率皆死于句下,无所复容解释之余地,法之通用所以日挟,而驯即于不为用者,皆此之由。

法文之美妙者,虽社会之变迁,其现象大异于立法之时,而犹可展转假借以适于用。如法国之民法,其制定在距今百年以前,此百年间,全社会精神物质两方面,皆为突飞进步,划然成一新天地,而法之民法,迄今未改,虽用之常不免困难,而困难犹未尝不可用。此无他,学说之解释,有以济其穷也。而学说之解释所以得施,则法文之美妙使然也。其最浅著者,如百年以前,世界未尝有汽车、有电车,此尽人所能知也,而今者法之法廷,凡关于汽车、电车所起之事件,皆可援拿破仑所制定之民法以断之。非解释之功,安得有此?

学说解释者,补助法律之最良法也。昔之立法者,尝惧解释者牵合附会,以失其本意,或从而禁之。如罗马帝周士的尼安奴制定法典时,下诏严禁注释,普王腓列特力第二、奥帝周斯夫第二亦曾禁之。拿破仑制民法新成,不旋踵而巴黎市中已有《民法注疏》出现,拿破仑见而叹曰,余之法典既亡。凡此皆认解释为法典之蟊贼者也,虽然,禁之终不可得禁,非惟不可得禁,且日盛焉。盖法律之为物,有体有用,有学有术。其用其术,神而明之,存乎其人,岂直不能禁,抑亦不必禁、不可禁也。我国法律不禁诠释,故马郑大儒曾注汉律,而《唐律疏义》乃由立法者奉敕自撰。即《大清律例》,其解释之书,亦不下十数,其间因解释以广法文之用者,虽自不少,然终不能如彼法国民法之圆融无碍,则法文之工拙为之也。

学者之解释，不徒广法文之用，而并能助法学之进步。盖法文所隐含之义、未备之义、反对之义，恒能缘解释而发明，故解释盛行，其于次度之修补法文改正法文，常得莫大之助。我国虽有解释而不能收此效果者，其原因有数端。（一）解释家虽有之而不能盛，盖法律解释之业，与辩护士之关系最密切，而我国辩护士之业，为法律所禁。自影响于法律解释之业，而无由盛也。（二）法律学殆见排斥于学界以外，汉代尚有马郑大儒，从事注律。自兹以降，上流学者，皆不屑读律，故解释之业，惟委诸刀笔俗吏。夫俗吏之学识，不足以阐明高尚之学理，岂待问也。（三）法文中所含学理本不富。《记》曰："甘受和，白受采。"肤浅混杂之法文，无论若何苦心研究，终不能于其间得甚深微妙之义。我国法典，大率为无意识的结集，虽多集上流学者从事解释，犹将劳而少功，而况乎解释者率属俗吏，且寥寥不多觏也。

以上阙点，就吾意念所及，拉杂举之，尚未能备。然将来若无编纂法典之事业则已；苟有之，则此诸阙点其最当注意也。

中国专制政治进化史论

(据《饮冰室合集》文集第 4 册改排)

绪　　论

　　进化者,向一目的而上进之谓也,日迈月征,进进不已,必达于其极点。凡天地古今之事物,未有能逃进化之公例者也。

　　中国者,世界中濡滞不进之国也。今日之思想,犹数千年前之思想。今日之风俗,犹数千年前之风俗。今日之文字,犹数千年前之文字。今日之器物,犹数千年前之器物。然则进化之迹,其殆绝于中国乎?虽然,有一焉,专制政治之进化,其精巧完满,举天下万国,未有吾中国若者也。万事不进,而惟于专制政治进焉,国民之程度可想矣。虽然,不谓之进化焉不得也,知其进而考其所以独进之由,而求使他途与之竞选之道,斯亦史氏之责任也。作《中国专制政治进化史》。

第一章　论政体之种类及各国政体变迁之大势

中国自古及今,惟有一政体,故政体分类之说,中国人脑识中所未尝有也。今请先述泰西分类之说,及其变迁、发达之形,以资比较焉。

（第一）理论上之分类

以理论分别政体种类者,起于希腊大哲亚里士多德。因主权者之人数而区为三种,每种复为正变二体,今以表示之如下。

政体
- 君主
  - 正体
  - 变体（暴君政体,Tyrant）
- 贵族
  - 正体
  - 变体（寡人政体,Oligarchy）
- 民主
  - 正体
  - 变体（暴民政体,Demagogy）

于此正变各三体之外,复有一焉,号曰混合政体（Mixed State）,即和合君主贵族民主三者而为一者也。此论传数千年至今学者诵法之,虽小有损益,然大端无以易也。十八世纪法国大哲孟德斯鸠之分类如左：

一、主权者以名誉为主义,谓之君主政体。

二、主权者以道德为主义,谓之民主政体。

三、主权者以温和为主义,谓之贵族政体。

四、主权者以胁吓为主义,谓之专制政体。

此分类法后人多有驳之者,其实第一类与第二类,盖同物而二名耳,近儒墺斯陈之分类如下:

政体 ┬ 一人政体(主权在一人者)(甲)
　　 └ 数人政体(主权在二人以上者) ┬ 少数政体 ┬ 同质(寡人政体)(乙)
　　　　　　　　　　　　　　　　　 │　　　　 └ 异质(少数共和政体)(丙)
　　　　　　　　　　　　　　　　　 └ 多数政体 ┬ 同质(民主政体)(丁)
　　　　　　　　　　　　　　　　　　　　　　 └ 异质(君民共主政体)(戊)

日本博士一木喜德郎复为如下之分类:

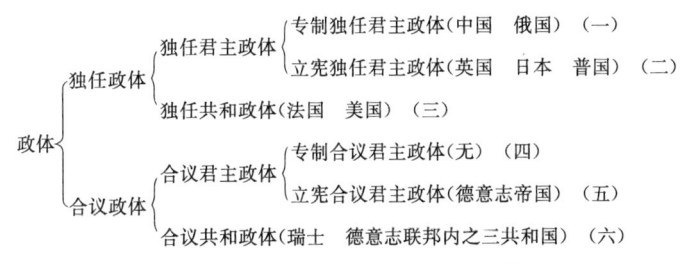

政体 ┬ 独任政体 ┬ 独任君主政体 ┬ 专制独任君主政体(中国　俄国)(一)
　　 │　　　　 │　　　　　　　 └ 立宪独任君主政体(英国　日本　普国)(二)
　　 │　　　　 └ 独任共和政体(法国　美国)(三)
　　 └ 合议政体 ┬ 合议君主政体 ┬ 专制合议君主政体(无)(四)
　　　　　　　　│　　　　　　　 └ 立宪合议君主政体(德意志帝国)(五)
　　　　　　　　└ 合议共和政体(瑞士　德意志联邦内之三共和国)(六)

此分类者,盖就近世之国家言之,故贵族政体,不另为一种云。

(第二) 历史上之分类

法国博士喇京所著《政治学》,就历史上区别政体如下:

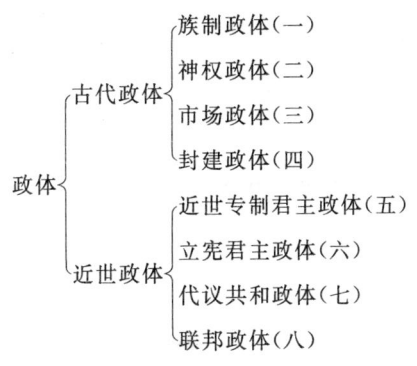

政体 ┬ 古代政体 ┬ 族制政体(一)
　　 │　　　　 ├ 神权政体(二)
　　 │　　　　 ├ 市场政体(三)
　　 │　　　　 └ 封建政体(四)
　　 └ 近世政体 ┬ 近世专制君主政体(五)
　　　　　　　　├ 立宪君主政体(六)
　　　　　　　　├ 代议共和政体(七)
　　　　　　　　└ 联邦政体(八)

综以上五表论之,则我中国所会有者,第一表之第一(君主政体变体)、第二(贵族政体变体)两种也,第二表之第一(君主)、第三(贵族)、第四(专制)三种也,第三表之第一(一人政体)、第二(寡人政体)两种也,第四表之第一种(专制独任君主政体)也,第五表之第一(族制政体)、第二(神权政体)、第四(封建政体)、第五(近世专制君主政体)四种也。

以群学公例考之,凡人群必起于家族。中国之宗法,实政治之最初级,而各国所皆曾经者也。故政治学者常言,国家者,家族二字之大书也,是族制政体,实万国政治之起原。吾命为政治进化之第一级。家族者,各自发生而日浸庞大者也。此族与彼族相遇,则不能无争,争则一族之中,必须有人焉,起而统率之,于是临时酋长之制起。斯宾塞《群学》云:"譬有一未成规律之群族于此,一旦或因国迁,或因国危,涌出一公共之问题,则其商量处置之情形如何,必集民众于一大会场。而会场之中,自然分为二派,其甲派则老成者,有膂力者,阅历深而有智谋者,为一领袖团体,以任调查事实、讨议总是之役;其乙派则年少者,老羸者,智勇平凡者,为一随属团体,占全族之大部分,其权利义务,不过傍听甲派之议论,为随声附和之可否而已。又于领袖团体之中,必有一二人有超群拔萃之威德,如老成之狩猎家,或狡狯之妖术家,专在会场决策而任行之,即被举为临事之首领云云。"是临时酋长政体之所由起也,吾命为政治进化之第二级。于斯时也,一群之中,自划然分为三种人物:其一,即最多数之随属团体,即将来变成人民之胚胎也;其二,则少数之领袖团体,即将来变成贵族之胚胎也;其三,则最少数之事务委员,即将来变成君主之胚胎也。当其初也,人人在本群为自由之竞争,非遇外敌,则领袖团体,殆为无用。其后因外敌数见,于是临时首领渐变为常任首领,常任首领之有大功于本群者,威德巍巍,慴服群类。及其死也,以为神而祀之,而其子

第一章　论政体之种类及各国政体变迁之大势

孙又利用野蛮时代之宗教迷信也，以为吾之祖若父，实天鬼之所命，而非他人所能及者也。于是一变为神权政体，吾命为政治进化之第三级。临时酋长者不过领袖团体中之最优者耳，外敌既数见，则领袖团体全部之势力，必与之俱进，又非临时酋长所能专也，于是乎此团体之魁杰者，或在中央政府而司选举君主之权，则贵族政体所由起也，或分属于诸部落而为诸侯割据之势，则封建政体所由立也，吾命为政治进化之第四级。自兹以往，有英明雄鸷之君主出，凭借固有之权力，著著务扩充之，杀贵族之权，削封建之制，务统一之于中央政府，或一蹴而几焉。或六七作而后几焉。其积之也，或以数十年，或以数百年千年；及其成也，则能役属群族，以一人而指挥全国，然后君主专制之政体乃成，吾命为政治进化之第五级。凡地球上君主专制之国，未有不经由此诸级来者也，及专制权力之既巩固也，则以国土为私产，以国民为家奴，虐政憔悴，民不堪命，而世运日进，民智日辟，彼林林总总者，终不能自为刍狗以受践弃，自为犬马以服驱役，自为牛羊以待豢养也，于是乎自由自治之议纷起，君主之智焉者，则顺其势而予之。此立宪君主政体，所由生也。其愚者则逆其势而抗之，此革命民主政体所由成也，吾命为政治进化之第六级。以上六级，欧洲数千年来政治消长之林，略具于是矣。

吾中国政治之发达，与欧西异，一曰欧洲六级已备，中国则有前五级，而无第六级也；二曰欧洲诸级之运，长短不甚相远，中国则第五级之成立最早，而其运独长也；三曰欧洲于第四级，最占权力，当百年前，余焰未衰，中国则二千年前，已划除殆尽也；四曰第一级之族制，欧人早已不存在，中国则数千年与第五级并行也，其间证据碎繁原因深远，今请得上下千古而综论之。

第二章　封建制度之渐革
——由地方分权趋于中央集权

　　人群之治,皆滥觞于部落酋长,酋长之强有力者,则能服属诸酋,或自封亲藩,以参伍旧酋,仍画土以各率其部落,若是者谓之封建。酋长封建,皆群治所必经之阶级,而天下万国所莫能外者也,顾其制之发达,或迟或早,其运之推移,或久或暂,则随其特别之原因以为之。欧洲自罗马解纽以后,而封建之制始极盛,及近世史之初年,(约距今四五百年前)始渐削侯封而建王国,然其余运,犹绵延数百年,直至十九世纪之末,意大利再造,日耳曼一统,然后封建之迹几绝,其运之迟生而统之久驻也如彼。中国不然,自秦以来,天下几一家矣,以二万余里之大地,而二千年来当统制于一王,此实专制政体发达之最明著者也。虽然,其间逐渐变革之迹,亦有非偶然者,请次而论之。

　　穹古以前,不可征矣。董子构九皇六十四民,庄子所述有火庭氏、柏皇氏、中央氏、栗陆氏、骊连氏、赫胥氏、尊卢氏、祝融氏、混沌氏、昊英氏、有巢氏、葛天氏、无怀氏等。老子称邻国相望,鸡犬之声相闻,其民老死不相往来,盖古者舟车未通,一山之障,一河之隔,辄自成一部落。其时酋长之多,不知纪极。是为第一期。

　　黄帝既克炎帝,禽蚩尤,四征八讨,披山通道,史称诸侯有叛者,黄帝从而伐之,平者去之,然则以兵力交通诸部落者,黄帝之功也。虽然,其所兼并、薙灭者盖寡,黄帝以巍巍威德,詟服宇内,为诸酋长之长,子孙袭其荫者数百年,逮至尧舜,号称郅治。然而天子(即酋长之长)称元后,诸侯(即诸酋长)称群后,其势位相去,殆不甚远。元后率由群后所选立,有四岳等操废置之柄,殆如近世日耳曼之司选侯。(日耳曼有司选侯,司推戴共主之权。古代四岳,颇同此制。余所著《中国通史》详论之。)观帝挚之立而旋废,舜禹受禅,必待诸侯朝觐、讴歌、讼狱之所归,然后即位,其明证矣。故尧舜以前,仍纯为酋长政治。是为第二期。

神禹既成大功,声教四讫,统一之业,实始于此。涂山一会,执玉帛者万国,酋长之盛,可以概见。然中央之权,已进一级,选侯之职不设,传子之局大定。防风后至,禹则戮之;有扈怠悔,启则灭之;羲和弗率,胤则征之。元后之权力,与群后稍殊绝矣,自夏迄殷,凡历千岁,综其政体,大率相同,大抵以朝诸侯为有天下之证据。(孟子言,武丁朝诸侯有天下。然则武丁前,诸侯不朝,即天下不为商家所有,明矣。)其间王权虽渐张,而霸者亦屡起,如有穷、后羿、昆吾氏、大彭氏、豕群氏等,皆尝代夏殷而有天下之人也。于斯时也,酋长之数渐少,而封建之制尚未兴。是为第三期。

封建何自起?起于周。封建云者,以其既得之土地而分与其人之谓也。故封建之行,实专制政体进化之一现象也。武王观兵孟津,诸侯会者八百,此外未与会者犹多可知。然则其时酋长,尚以千数矣,周初灭国五十,天下既定,大封亲贤。彼时土广人稀,其地固非必尽由侵略所得,然爪牙腹心,遍布宇内,与向来土著之部落酋长相错处,据要害而制其命,复有王室为之应援,有同封者相与联络,于是土著部落之势力日杀,中央集权之治日巩固矣。

是为第四期。

封建群侯,既占优势,则兼并盛行,而土著部落驯,至不能自立,故有周七百余年间,为封建政治全盛时代。孟津之会为国八百,加以未会及新封者,数当盈千,降及春秋,而见于记载者,仅百六十三国。(其中同姓者三十八,异姓者三十六,姓具而爵不明者二十四,爵明而姓不具者八,姓爵俱不明者二十六,戎狄诸种三十一。)春秋二百四十年中,被灭之国六十有五,曾几何时,及战国之末,而仅余七雄矣。天下大势,趋于一统,运会所迫,如汤沃雪,如风卷云。秦汉之混一海宇,非秦汉所能为也,其所由来渐矣。自周之既衰,已非复一王专制之政体,而实为封建专制之政体。齐桓、晋文,实朝诸侯有天下之共主也。《诗》称,赫赫宗周,褒姒灭之。孟子称,三代之失天下也,以不仁。遍观先秦古书,无不以周为亡于幽厉者,特后儒不敢昌首耳。齐桓之专地而封,晋文之致王而朝,谓非行天子之事而何哉?)虽然,自战国以前,无论为王为霸,皆与群后分土分民,俱据南面,有不纯臣之义,其所专制者,仅及于境内。(《周礼》之制亦仅治畿内者耳。)若境外属国之治,虽时或以半外交的政策干涉之,其权限亦不过与数十年前,奥大利之待日耳曼、意大利诸小邦相等,非能如后世帝者之力之完备也。是为第五期。

及秦始皇夷六国,置郡县,而封建之迹一扫。虽然,郡县非自始皇始也,《史记》,秦武公十年,伐邽冀戎,初县之;十一年,初县杜郑。《左传》,楚庄王灭陈,杀夏征舒,因县陈。又称,晋分祁氏之田为七县,羊舌氏之田为三县。其后秦孝公用商鞅变法,集小乡邑聚为县,秦惠文十年,魏纳上郡,十三年,秦取汉中地,置汉中郡。是郡县之兴,已数百年,而常与国邑相错处。盖春秋战国间,实封建与郡县过渡时代,而中国数千年来,政治界变动最剧之秋也。有郡县，然后土地、人民直隶于中央政府，而专制之实乃克举，亦惟以如此广漠辽廓之土地，而悉为郡县以隶于中央政府，则非大行专制不能为功。故自始皇置三十六郡，而专制政体之精神、形质，始具备焉矣，立乎之罘刻石之岁，追溯涂山会计之年，由万国而八百国，而百六十三国，而十余国，而七国，以渐归于一国，进化程度，历历在目，虽曰天运，岂非人事哉。是为第六期。

经此六期，专制之局既定矣。虽然，积数千年之旧习，其势固非可以骤革，于是反动力起，余波复沿袭若干年，而后乃大定。譬犹法国大革命，开十九世纪民权之幕，而忽有拿破仑崛起，继以俄、普、奥三帝神圣同盟，反动力大作，几尽复革命前之旧观，又加甚焉。虽然，回阳反照，势不可久，经此波折，而新时代出现焉矣。秦汉之际，有类于是，始皇既殂，四海鼎沸，六国各自立后，于是有楚怀王心、赵王歇、魏王豹、韩王成、韩王信、齐王田儋、田荣等，及楚汉相持，而郦食其说汉王复立六国后，印已铸矣，张良一言而解。岂所谓天之所废，谁能兴之者耶？项羽以宰割分封而亡，汉高以力征混一而帝，一顺时势，一逆时势而已。然高帝既定天下，犹且裂地以王韩彭，分国以侯绛灌，盖人情习见前世故事，未得而遽易也，乃异姓八王，不旋踵而诛亡者七。夫以战国七雄，据土各数百岁，犹不能自存，而况于新造者乎？此外尚有分封子弟诸国，亦仅传两叶，逮文景时，晁贾之徒，已畏其偪，卒有吴楚七国之反，大难既定，遂严诸侯王禁制，至是封建之余波乃平。后此虽有爵国，名存而实去矣。是为第七期。

至是而上古封建之治全为一结束，虽然，其暗潮波折，屡起屡伏，更历千年，然后销声匿影以至于尽也。试略举其梗概，汉代封建，有两特色。其一，郡国杂处，帝国分地与诸侯王国分地，犬牙交错以相牵制也。(《汉书·诸侯王表序》云,诸侯比境,周匝三垂,外接胡越。天子自有三河、东郡、颍川、南阳,自江陵以西至巴蜀,北自云中至陇西,与京师内史凡十五郡,公主列侯颇邑其中。而藩国大者夸州兼郡,连城数十,宫室百官同制京师。)其二,则天子为侯国置傅相,管其政治,诸侯不得有为于其国也。(汉初,汉廷惟为置丞相,其御史大夫以下,皆自置之百官。悉知汉朝后景帝惩之,遂令诸侯王不得治民,合内史治之。改丞相曰相省、御史大夫、廷尉、少府、宗正、博士官,凡员职皆不得自置。)凡此两者,其法度之外形,皆相矛盾,似封建非封建,似郡县非郡县,亦封建亦郡县,亦过渡时代不得不然也。两者交战,而兴废必有所趋,其日趋于中央集权,天运然矣。汉制贵爵为三等,曰诸侯王(惟宗亲得封),曰列侯(或王之子或功臣或外戚恩泽),曰关内侯(有爵无国邑)。而关内侯之制,直行之千余年以至今日。(《文献通考·封建考十》云,弃汉以来所谓列侯者,非但食其邑人而已,可以臣吏民,可以布政令。若关内侯则惟以虚名受廪禄而已。然西都景武以后,始令诸侯王不得治民,汉置内史治之。自是以后,虽诸侯王亦无君国子民之实,况列侯乎?然所谓侯者,尚裂土以封之也。至东都始有未与国邑,先赐美名之例,如灵寿王征羌侯之类是也。此后类此者不可胜数,则列侯有同于关内侯者矣云云。两汉封建名实消长之机于此可见。)是为第八期。

两汉强干弱枝之策大行,中央政府之权,达于极点。皇子之国,其势不敌汉廷一宦竖,及其衰世,而小小反动力起焉,曰州牧。晚汉州牧,实中唐藩镇之先声也,其土地初本受诸帝室,然非封建也,其后乃传诸子孙,与封建无异矣。故前此诸侯王列侯,无封建之实而有其名,后此州牧,无封建之名而有其实。是为第九期。

魏承汉旧,又加甚焉。袁宏谓,虽有王侯之号,而乃侪于匹夫,县隔千里之外,无朝聘之仪,邻国无会同之制,诸侯游猎,不得过三十里。又为设防辅监国之官以伺察之,王侯皆思为布衣而不可得。(《文献通考》引)盖至是而封建之运几尽矣,及晋而反动力大作,晋鉴汉魏亡于孤立,乃广建宗藩,而八王之乱,喋血京邑,卒覆其宗。盖自秦以来,中央专制之威,积之数百年,既深既剧,其势固不可以复散于枝叶,苟有所倚于外,则其"求心力"仍常趋于中,互搋且夺,而主权如弈碁矣。晋之不纲,抑岂不以是耶?洎及六朝,南朝率循晋法,北朝多仿汉制,而其结果亦复相类。是为第十期。

初唐之治,数千年来专制君主之最良者也。其封建也,有亲王、郡王、国公、郡县、开国公、侯、伯、子、男等九等之号,而无官土,其加实封者,则食其所封,分食诸郡,以租调给之。然汉魏制,凡王侯皆例须之国,唐则在京师衣食租税而已,此又其势更杀之征也。虽然,中叶以后,反动力又起,酿成方镇之习,中央政府实权,既坠于地。山东河朔,皆擅署吏,以赋税自私,以土地传子孙,至合纵以抗天子,卒百余年,与唐相终始。延至五季,犹诸雄角立。盖自秦以降,其反动力之巨且剧,此为最矣,何也?晋八王之乱,其所共争者,仍中央之权也;唐之方镇,则务自巩其地方之权,与中央分势者也。是为第十一期。

宋制,地方之权大衰,而中央之权亦不见其盛。盖文弱之极,与外患相终始,无足云者。女真蒙古,以部落檀俗之制治中国,于沿革大势,所关亦寡焉。至明而封建之死灰又复小燃,燕王棣以之篡,宸濠以之叛。虽然,以视汉七国晋八王,盖其微矣。是为第十二期。

及至本朝,以外族入主中夏,宠异降将,尚有孔吴耿尚等四王之封,此实为中国有史以来四千年间,封建制度最后之结局也。

自三藩戡定后,迄今二百余年无封建。岂惟二百余年,吾敢信自今以往,封建之迹,真永绝矣。今制,元功宗亲,皆留京师。宗室自亲王以下至奉恩将军,列爵九等,皆拨予之以直隶及关东之田,以抵古人之汤沐邑。功臣自一等公以下至恩骑尉,列爵二十六等,皆予俸,无官受世职单俸,有官受双俸,此汉关内侯之制也,亦英国、日本等贵族、华族之制也。其有封建之名而无其实者既如此矣。曰,然则他日亦有无封建之名而有其实,如汉州牧唐方镇者乎?曰,是亦必无。虽自平发平捻以后,督抚势力日盛,中央之权似有所减,如庚子一役,东南督抚,有敢抗朝旨,擅与他国立约之事。虽然,是有特别原因焉,不能认为中央、地方两权消长之证也。后此如更有变迁乎,其必不袭汉牧、唐镇之旧也,有断然矣。是为第十三期。

综而论之,则十三期中复为四大期,自黄帝以至周初,为封建未定期;自周以至汉初,为封建全盛期;自汉景武以后至清初,为封建变相期;自康熙平三藩以后,为封建全灭期。由酋长而成为封建,而专制之实力一进化,由实封建而变为有名无实、有实无名之封建,而专制实力又一进化。举名实两扫之,而专制实力又一进化。进化至是,盖圆满矣。莽莽数千年,相持相低昂,徘徊焉,翱翔焉,直至最近世,然后为一大结束而势乃全定。莫或主之,若或主之,进化之难,乃如是耶。上下千古,其感慨何如哉。

附论中国封建之制与欧洲日本比较

封建之运,东西所同也,中国有之,日本有之,欧洲亦有之,然欧洲、日本,封建灭而民权兴,中国封建灭而君权强,何也? 曰,欧洲有市府,而中国无有也;日本有士族,而中国无有也。欧洲自希腊以来,即有市府之制,一市一村,民皆自治。及中世之末,封建跋扈,南部意大利诸州,其民首自保卫,为独立市府,日耳曼诸州继起,遂至有八十市府联盟之事。自余法兰西、英吉利、葡萄牙、西班牙诸市,所在发达,近世诸新造国,其帝王未有不凭借市府之力而兴者也。然则欧洲封建之灭,非君主灭之,而人民灭之也,帝王既借人民以灭诸侯,义固不可不报,则民有权矣。民方能以自力灭诸侯,则尤不容帝王之不报,则民有权矣,日本武门柄政,凡八百年,而德川氏三百年间,行封建制,其各藩中有所谓藩士,在本藩常享特别之权利,带贵族之资格,略与希腊共和国所谓市公民者相类。及明治维新,其主动者皆此等藩士也,诸藩士各挟其藩之力,合纵以革幕府(即大将军德川氏)而奖王室,及幕府既倒,大势既变,知不可以藩藩角立,乃胥谋而废之。然则日本封建之灭,非君主灭之,而以自力灭之也。夫既恶幕府之专制而去之,则其不复乐专制,明矣。能以自力自灭其藩,此其人亦非可以专制笼络之,明矣。以是之故。故欧洲、日本皆封建灭而民权与之代兴。(或疑欧洲近世史中,专制主如路易第十四者,指不胜屈,不可谓民权遂兴,不知近数百年来全欧皆以专制、自由两主义相战,不过其战胜有蚤暮耳。宗教改革诸役,皆民权之前锋队也。)中国不然,数千年来曾无有士民参与政治之事,岂惟无其事,乃并其思想而亦无之。兴封建者君主也,废封建者亦君主也,以封建自卫者君主也,与封建为仇者亦君主也,封建强则所分者君主之权,封建削则所增者君主之势。夫以数万里之广土众民,同立于一政府之下,而人民复无自治力以团之理之,然则非行莫大之专制,何以立国乎? 故统览数千年历史，其号称小康时代者，必其在中央集权最盛大、最巩固之时代也，如周初、汉初、唐初、清初是已。专制权稍薄弱，则有分裂，有分裂则有力征，有力征则有兼并。兼并多一次，则专制权高一度，愈积愈进，至本潮乾隆时代而极矣。论者知民权之所以不兴，由于为专制所压抑，亦知专制之所以得行，由于民权之不立耶。不然，则欧人谓憔悴虐政之苦，莫甚于封建时，何以中国封建之运之衰，远在欧之先，而专制之运之长，反远在欧洲之后也。

第三章　贵族制度之消灭

——由寡人政治趋于一人政治

贵族政治，为专制一大障碍。（专制有广狭二义，吾今所论，专指狭义之君主专制言也。若以广义，则贵族政体固专制矣。即今日之议会政治学者，犹谓为多数之专制。此非本论界说之范围也。）其国苟有贵族者，则完全圆满之君主专制终不可得行。贵族何自起？起于族制，起于酋政，故地球上一切国，无不经过贵族政治一阶级，而其盛衰久暂，亦常随其特别之原因，且常演出特别之结果，故谈政者必于此观消息焉。

吾欲言我国之贵族政治，请先言他国之贵族政治。泰西数千年历史，实贵族与平民相阋之历史而已，其阻力也在是，其动力也在是，故贵族二字在泰西史实为政治上一最大之要素。泰西政治史，发源于希腊、罗马，希腊之斯巴达，贵族政治也；希腊之雅典，自梭伦定律以前，贵族政治也。罗马自纪元前五百年以前，皆贵族政治也。此后二百年间，皆贵族、平民轧轹时代也，自纪元前七十九年以后，所谓三头政体者，又贵族政治也。降及中世，封建縻烂，蛮敌凭陵，虽完全之政治，无可表现，而于人群中最占势力者，皆贵族也。洎于近世，反动力大起，数百年间，以两族之角斗胜败相终始。君主之与平民结也，为挫贵族也。宗教革命，为挫贵族也。法国大革命，则举贵族权力而一扫之也。十九世纪全欧之扰攘,皆承法国大革命之余波,划贵族之萌蘖也。今日俄罗斯之虚无党,亦与贵族为仇也。然直至今日,而欧洲各国,犹不能灭绝贵族,伟矣哉贵族之势力,重矣哉贵族之关系。

贵族政治者,最不平等之政治也。他国以有贵族故,故常分国民为数种阶级,其最甚者为"喀私德"(Castes)之制,其次甚者为"埃士梯德"(Eistates)之制。喀私德者,诸凡古代东洋诸国,如埃及、波斯等皆有之,而印度为最整严。印度之"喀私德"其第一种曰婆罗门(Brahmans),彼中称为自神之口而出者,一切学问、宗教、法律皆归其掌握。其第二种曰杀利(Kshatiyas),彼中称为自神之胁而出者,军人武门属焉(案,释迦牟尼即出此族也)。其第三种曰毗舍(Visao),彼中称为自神之膝而出者,农工商牧等业属之。其第四种曰首陀罗(Sudras),彼中称为自神之足而出者,奴隶属焉。此四族者,婚姻不相通,职业不相易,自数千年至今日,而其弊犹未革,此为贵族政治流弊之极点。"埃士梯德"者,其形状与"喀私德"略同,而其性质则称异,"喀私德"者,一成而不可变者也。"埃士梯德"者,随时势而有转移者也。"埃士梯德"之制,极盛于中世之欧洲,而条顿民族尤为整严,彼中谓太初有神,厥名黎哥(Rigr),兹生三子,其先产者,名曰胥罗(Thral),为奴隶之祖;其次产者,名曰卡尔(Karl),为农民之祖;最后产者,名曰这尔(Jarl),教之武艺,为贵族之祖。彼其理想,固与印度之"喀私德"绝相类,故欧洲所谓"埃士梯德"者,大率亦分四族,一曰教士,二曰贵族,三曰自由民,四曰奴隶,其阶级亦与印度之四"喀私德"相应。自希腊、罗马以至中世及近世之初期,此种阶级,常横截欧洲之政界,虽各国之权限伸缩不同,而其概一也。各国国宪之变动,往往因此"埃士梯德"之关系而起者,十居八九,其在中古,各级各为法律，不相杂厕。第一第二两种，常握政治上大权，其第三种稍维持民权于一二，其第四种，则全有义务而无权利者也。及至近世，乃始渐脱樊篱，至最近世，乃一跃而廓清积习。要而论之，则欧洲数千年来之政治，最不平等之政治也，最不自由之政治也。（第一第二两种太自由，故第三第四两种太不自由。）虽以亚里士多德之大哲，犹谓奴隶制为天然公理，以希腊、罗马之文明，而其下级社会之民被虐待者惨无天日，其所谓沐文明之膏泽者，不过国中一小部分耳。至如美国当十九世纪，尚以争买奴而动干戈。法国既改共和政体，而世袭之爵犹沿而不除。即如我东邻最近之日本，亦有"非人"、"秽多"等称号，至维新后而始革。盖贵族政治之极敝，衍为阶级，其现象及其影响乃至如此，彼其国中所以轧轹不绝者，皆此之由。抑其君主专制之政所以不能极盛，即盛矣而不能持久者，亦此之由。

吾今请言中国。我祖国之历史，有可以自豪于世界者一事，曰无"喀私德"、无"埃士梯德"，此实由贵族政治之运不长所致也。然则吾中国亦尝有贵族政治乎，曰有贵族政治者，亦国家成立所必经之级而不可逃避者也，岂吾中国而能无之？太古之事邈矣，《尚书》托始于尧舜，而彼时即贵族政治最盛之时代也。当时之贵族，或拥疆土以俱南面，或踞中央以握政权，为君主者不过为贵族所选立，而奉行贵族之意而已。何以知君主为贵族所选立也？黄帝崩，元妃之子玄嚣、昌意，皆不得立，而次妃之子少昊代焉，少昊不得传位其子，而昌意之子颛顼代焉，颛顼亦不得传位其子，而玄嚣之孙帝喾代焉。后世史家据今日之思想以例古人，以为宋宣公、吴王寿梦、宋艺祖之类，由先君之遗命以定所立也，而岂知皆贵族之势力左右其间也？其尤著明者，则帝喾之长子帝挚既立，仅九年，而诸侯废之以立帝尧。夫废君之事，自后世史家观之，鲜不以为大逆不道，而当时若甚平平无奇者，盖贵族政治之常习然也。其后尧欲让舜，而必先让四岳，俟四岳举舜，然后试之，所以示不专也。使尧而果有全权也，意中既有一舜，岂不能直举而致诸青云之上？乃必于四岳焉一尝试其让，使四岳而竟慨诺之，则尧又将奈何？吾有以信尧之果无奈何也。及舜受尧禅，而必先自避于南河之南。禹受舜禅，而必先自避于阳城，待朝觐讼狱讴歌之皆归，然后之中国践天子位，亦视当时贵族为趋向而已。何以知君主必奉行贵族之意也？吾昔读古史而有一不可解之问题。彼鲧者，四凶之一也，当尧之时，恶德既显，尧咨治水于四岳，四岳举鲧，尧既斥其方命圯族，而不能不屈意以用之，以至九载无功。使尧果有全权，则以如许重大之事，委诸明知其不可之人，尧不重负天下乎？又如所谓八元、八恺者，皆尧之亲族，其中如稷如契，则尧之异母兄弟也，尧岂不知之而不能举？无他，为贵族所阻挠而已。此后舜欲授禹等九官，亦必询于四岳，任其推荐。然则用人行政之大权，四岳操其强半也明矣，四岳者何也？《白虎通》云，总四岳诸侯之事者也。然则四岳之官，实代表全国诸侯而总制中央，左右君主者，以理势度之，其职权殆与斯巴达之"埃科亚士"（Ephors）绝相类。（参观《斯巴达小志》）埃科亚士凡五人，而四岳则四人，皆贵族所以平均其势力也。此为我国贵族政治最盛之时代，及尧舜禹皆以不世出之英主，汲汲以集权奠国为务。尧在位七十二年，舜在位六十一年，此百十三年中，中央政府，渐加整顿，权力日盛，能渐收豪族之权于帝室。而禹之大功，又足震摄天下，故尧不能诛四凶，舜不能服有苗，而禹则会诸侯于涂山，防风氏后至，直取而戮之，盖主权之雄强迥非昔比矣。至是君主世袭之权确定，而四岳之官，至夏亦不复见，于是贵族政治受第一次裁抑，而专制政体一进化。

夏殷之事，史文阙漏，今不具论。周革殷命，广置封建，而京畿之内，二伯分陕，权力犹埒王者。厉王无道，国人流之于彘而共和执政。国人云者，吾不敢信为全国之平民也，殆贵族而已。（当时民权颇发达，而我国又向无分民为阶级之弊，故晋文听舆人之诵，子产采乡校之议，或者平民有权，亦未可知，吾不敢遽下断案也。但观共和执政，则贵族权之强盛，有断然者。）此后见于史传者，如周、召、毕、郑、虢、蔡、单、刘、尹等诸族，常左右周室，司政权焉，不待五霸之兴，而王者固已常如守府矣。故周之一代，实贵族政治之时代也。（夏殷亦当然，但不可考耳。）然以视尧舜时，则其权稍杀，盖彼则王位由其废置，而此则假王之名以行事者也。春秋列国亦然，在齐则有国、高、崔、庆，在鲁则有三桓，在郑则有七穆，在晋则有栾、郤、胥、原、范、荀，在楚则有屈、昭、景，在宋则有武、缪、戴、庄、桓之族，其余诸国，大率类是。右族相继，持一国之大权，政府（即贵族）势力，过于国君，国君之废立，常出其手。国君之行为，能掣其肘，观孟子告齐王以贵戚之卿，反复谏其君而不听则易位。滕文公欲行三年之丧，父兄百官皆不欲，则几不能尽于大事，亦可见当时贵族权力之一斑矣。周代贵族权所以独盛者何也？其一，由于人群天然之段级使然，其二，亦由人力有以助长之也。盖国家本起原于家族，但国势愈定，则族制自当愈衰，周之兴，去黄帝时代已二千载，宜其家族之形体渐革，而今反不尔者。周制实以家为国也，故有最齐整最完备之一制度曰宗法，所谓"别子为祖，继别为宗，继祢者为小宗，有百世不迁之宗，有五世始迁之宗"。此制度者，王室与同姓诸侯之关系赖之，诸侯与其境内诸侯之关系赖之，乃至国中一切大小团体所以相维持、相固结者皆赖之。周代群治，悉以此制度为中心点，故曰国之本在家，又曰家齐而后国治，此诚实制，非空言也。以此之故，贵族政治大伸其力，虽以孟子之卓识，犹云"所谓故国者，非有乔木之谓也，有世臣之谓也"，亦可见贵族政治入人之深矣。逮至战国，而社会之风潮一大变，秦始用客卿以强，列国继之，及孔子沿后二百余年，而贵族之权，与周室同尽矣。于是贵族政治受第二次裁抑，而专制政体一进化。

周末之贵族政治，所以能就澌灭者何也？吾推其原因，有两大端。（其一）由于学理之昌明。孔子最恶贵族政治者也，故其作《春秋》也，于尹氏卒（隐三年），齐崔氏出奔卫（宣十年），皆著讥世卿之义焉。于仍叔之子来聘（隐五年），曹世子射姑来朝（隐九年），皆著讥父老子代从政之义焉。《春秋》于大夫主权之举，无不贬绝。溴梁之会（襄十六年），信在大夫，而《春秋》遍刺之。盖孔子深见夫当时贵族政治之极弊，故救时之策，以此为第一义，故曰天下有道，则政不在大夫。摧灭贵族政治者，孔子之功最伟矣，墨子亦然，言尚贤，言尚同，至老子之刍狗一切者，更无论矣。故孔墨老宗旨虽不同，而皆力倡万民平等之大义，与二千年陋俗为敌。其弟子亦多出身微贱，名闻一时。（子张驵，侩也；颜涿聚，大盗也，学于孔子。禽滑釐，盗也，学于墨子。）天下相与化之，以视亚里士多德之主张蓄奴，大有异矣。故经诸大师大力鼓荡之后，而全群之思想皆大变。

（其二）由于时势之趋向。自春秋宋以至战国，兼并盛行，列国间之竞争最剧，相率以登进人材、扩张国势为务，其雄鸷之主，知仅恃贵族不足以豪于天下，故敬礼处士，招致客卿。自秦人首用由余、百里奚以霸西戎，此后商鞅、范雎、蔡泽、张仪、李斯，凡佐秦以成大业者，无一不起自远客贱族，而吴越亦以伍子胥、范蠡等之力，崛起南服，主盟中原。至战国之末，列雄始悟优胜劣败之所在，然后相率以蹑其后，于是乐毅、剧辛、邹衍、淳于髡、苏秦、公孙衍、鲁仲连、廉颇、蔺相如、李牧之徒，始皆以处士权倾人主矣。当时如齐孟尝、赵平原、魏信陵，实为贵族政治回光返照，放一异彩，而其所以能尔尔者，乃实由纡尊降贵，自放弃其贵族之特权，以结欢于处士，故虽谓三公子为贵族之自伐者可也。至是而黄帝以来二千年之贵族政体，一扫以尽。

汉高起草泽，作天子，其本身既已不带一毫贵族性质，其左右股肱萧、曹、韩、彭、平、勃之流，皆起家贱吏、牙侩、屠狗，致身通显。君臣同道，益举自有人类以来天然阶级之陋习，震荡而消灭之。汉高复以刻薄悍鸷之手段，芟夷功臣，使无遗种。故自汉兴，而布衣将相之局已定，初不待武帝时之卜式以牧羊为御史大夫，公孙弘以白衣为丞相也。功臣既殄，而亲藩又不得留京师参朝政，故在汉代，无可以生出贵族之道。若必求其近似者，则后族当之矣，若西汉之吕氏、窦氏、田氏、霍氏、上官氏、王氏，东汉之邓氏、窦氏、阎氏、梁氏，皆气焰熏灼，权倾一时，虽然，举不足以当贵族之名也。泰西之所谓贵族，与中国古代所谓贵族，皆别为一阶级，不与齐民等，而其族之人亦必甚多，受之于世袭，而非附一二人之末光以自尊显；而又传诸其胤，不以一二人之失势而丧全族之权利，具此诸质，乃可谓之贵族。若汉之后族则何有焉？卫青、霍去病，以一异父同母之私生姊妹，蒙荫以尸大位，自余诸族，亦大率类是而已。其间惟哀平间之王氏，虽不能全具贵族之性质，而颇有其一二，故谓新莽之乱，为贵族之小余波可也。然其影响于数千年之政治界者，抑甚微矣。东汉之末，袁氏以十二世为汉司徒，四世为汉司空，绍、术两竖子，因乘余荫，窃方镇者十余年，似亦足为贵族势力之一征焉，然所成就既无可表现，且于中央政府无丝毫关系，夫安得以贵族政治论？至如曹氏之于汉，司马氏之于魏，亦全由个人权力，处心积虑，以相攘夺，尤与贵族政治不相涉。故谓两汉三国全无贵族，决非过言也，于是专制政体又一进化。

自魏陈群立九品中正取士之制，沿至晋代，至有所谓上品无寒门、下品无世族者，故战国以后至今日，中间惟六朝时代，颇有贵族阶级。"旧时王谢堂前燕，飞入寻常百姓家"，贵族与寻常百姓之区别，颇印于全社会之脑中矣。及南北朝，门第益重，视后门寒素，殆如良贱之不可紊。（史称赵邕宠贵一时，欲典范阳卢氏为婚。卢氏有女，父早亡，叔许之而母不肯。又，崔巨伦姊眇一目，其家议欲下嫁。巨伦姑悲戚曰：岂可令此女屈事卑族？又，何敬容与到溉不协，谓人曰：到溉尚有余臭，遂学作贵人。是其例也。）而单门寒士，亦遂自视微陋，不敢与世家相颉颃。（史称右军将军王道隆权重一时，到蔡兴宗前不敢就席，良久方去。兴宗亦不呼坐。又，宗越本南阳次门，以事黜，为役宗。后立军功，启宋文帝求复次门等。是其例也。）其有发迹通显，得与世族相攀附，则视为莫大之荣幸。（史称王敬则与王俭同拜开府仪同，俭曰：不意老子遂与韩非同传。敬则闻之曰：我南沙小吏，徼倖得与王卫军同拜三公，夫复何恨？又，孙奉寒贱，齐神武赐以韦氏女为妻。韦氏本士族，时人荣之……是其例也。）甚至风俗所趋，积重难返，虽以帝者之力，欲变易之而不可得。（史称宋文帝宠中书舍人宏兴宗，谓曰：卿欲作士人，得就王球坐，乃当判尔，若往诣球，可称旨就席。及至，宏将坐，球举扇曰：卿不得尔。宏还，奏帝曰：我便无如此何。他日帝以劝球。球曰：士庶区别，国之常也，臣不敢奉诏。又称，纪僧真尝启宋武帝曰：臣小人，出自本州武吏，他无所须，惟就陛下乞作士大夫。帝曰：此事由江敩、谢沦，我不得措意，可自诣之。僧真承旨诣，敩登榻坐定。敩命左右：移吾床，让客。僧真丧气而退，告帝曰：士大夫固非天子所命……是其例也。)此等习尚,沿至初唐而犹极盛,(史称唐太宗诏群臣,刊正姓氏,第为九等,而崔氏犹居第一,太宗家列居第三。诏曰:曩时南北分析,故以王谢崔卢为重,今则天下一家矣。遂合三百九十三姓、千六百五十一家,为《氏族志》,颁行天下。而《李义府传》犹云,自魏太和中定望族七姓,子孙迭为婚姻。唐初作《氏族志》,一切降之。然房玄龄、魏征、李勣仍往求婚,故望不减云。期固非太宗所能禁矣。)及中唐犹未革。(《唐书·杜羔传》云,文宗欲以公主降士族,曰,民间婚姻,不计官品而尚阀阅,我家二百年天子,反不若崔卢邪? 可见唐之中叶,其风不衰也。)若此者,殆与泰西所谓"喀私德"、"埃士梯德"者相类,实吾中国数千年来社会上一怪现象也。其原因所自起,吾不能确言,大率由于虚名,非由于实力也。彼之所谓门第者,于政治上权力,毫无关系,虽起寒门,可以致其位于将相。虽致将相,而不能脱其籍于寒门,故六朝时代,可谓之有贵族,而不可谓之有贵族政治,其于专制政体之进化,毫无损也。

自此以后,并贵族之迹而全绝矣。元人以羶族夺我国土,压制我种族,于是有分国人为四阶级之制,一曰蒙古人,二曰色目人(即非蒙古非汉族之诸小蛮族),三曰汉人(指灭时所掠河北人民),四曰南人(指灭宋时所掠江南人民)。政权全在蒙古人,色目人次之,汉人、南人最下(南人尤甚)。一切百官,皆蒙古人为之长,汉人、南人从未有得为正官者。终元之世,汉人得伴食宰相者二人而已(史天泽、贺惟一),而汉人与蒙古人同官者,亦皆跪起稟白如小吏,莫许抗礼。元代一百年中,吾国民遂束缚于阶级制度之下。虽然,此非我民族自造之现象也,国被灭而为敌所钳,夫安得已也。此百年中可谓贵族政治,然彼贵其所贵。非吾所谓贵,吾盖不屑以污我楮墨焉,然彼以彼之贵族,拥护彼之专制,而专制政体亦一进化。

有明三百年中，变迁盖少。至本朝入主中夏，亦生小小阶级，满洲人为一级，最贵；蒙古汉军为一级，次之；汉人为一级，最下。然一视胡元之畛域，则有间矣。其政权分配之制，则满汉各半，以五百万满洲之贵族而占其半，以四万万汉人之平民而仅得其半，不可不谓贵族政治之成绩也。然以别此阶级之故而犹得其半，较诸元代，则吾辈惟有歌颂圣德而已。中叶以来，全化汉俗，咸同以后，以物竞天择，自然之运，政权归汉人手者十而八九。故本朝政治，亦可列诸数千年历史，以常格而论之语，其实际，则本朝亦非有所谓贵族政体者存。中叶以前之满人，中叶以后之汉人，皆多起寒微，参预大政，而天满贵胄，反不得与闻政事。盖自晋八王以后，帝者皆以畏逼之故，裁抑亲藩也久矣，是亦专制政体进化之一大眼目也。自热河蒙尘以后，始置议政王，位军机大臣上，后虽裁撤，而军机常以亲王领班，贵族政治，似稍复萌蘖焉。然前者以恭邸醇邸之尊亲，其权不能敌文祥、沈桂芬、李鸿藻、翁同龢、孙毓汶、徐用仪，近则如礼王久拥首座之虚衔，最近则庆王肃王，崭然显头角，然其权亦不能敌荣禄、刚毅，盖贵族政治之消灭久矣。天之所废，谁能兴之？吾敢信自今以往，吾中国必无或复先秦时代贵族政权之旧也，至是而专制政体之进化，果圆满无遗憾矣。

"喀私德"、"埃士梯德"之陋俗，吾中国诚无之也（元之辱我不计）。虽有之，而其族亦甚微，无所影响于政治。六经古史中，奴仆等字不多见，然《礼记》有献民虏者操右袂之语，然则战胜而俘人为奴，殆古俗所万不能免者。《左传》屡称某人御戎，某人为右。御戎可谓贱役也，而为之者，大率皆贵族。孔子则樊迟御，冉有仆,子路执舆,阙党童子将命,是孔子终身无用奴仆之事,是或圣人平等之精意则然。然我古代断无所谓如希腊、罗马之奴隶充斥者,可断言矣。(井田之制,论者或谓其未尝实行,使果行之,则人人受田百亩,余夫亦受焉。安有所谓奴隶者乎。)然至汉世,下诏免奴婢者,史不绝书,苟前此无此物,则何免之可言,故谓中国绝无阶级制度者,亦非然也。汉高定制,令贾人不得乘车衣绣,齐明帝制寒人(即寒门)不得用四幅缴,此亦阶级制度之施诸奴隶以外者也。凡进化之公例,世运愈进,则下等级之人民,必渐升为高等,而下等之数,日以消灭。乃吾中国则若反是,自唐宋以前,奴婢之种类,盖不多见,而近今六七百年,若反增益者。吾推度之,殆有两原因焉,一由胡元盗国时,掠夺之祸极惨,汉人、南人率为俘虏以入奴籍(赵瓯北《陔余丛考》记之极详);二由前明中叶以后,中使四出,诛求无厌,人民相率投大户以避祸。"投大户"者,当时之一名词,盖以身体财产全鬻诸权贵有力之家,甘永世为其服役,借作护身符以救一时也。以此两端,故近世以来,奴籍转增于前古,而本朝之制,凡曾鬻身为人仆者,曾在公署执皂隶之役者,曾为倡优者及隶疍户者,皆谓之身家不清白,其子孙不得应试入仕,计此类特别阶级,亦常不下全国民数五十分之一。然则竟谓之无阶级焉,固不可也,但以较诸欧洲中古以前,及近世所谓隶农制度者,则吾之文明终优于彼焉耳。(案,此一段与专制政体之进化无甚关系,因论阶级制度,故并及之。)

　　要而论之,则吾国自秦汉以来,贵族政治早已绝迹,欧美、日本人于近世、最近世而始几及之一政级,而吾国乃于二千年前而得之,其相去不亦远耶!如前所云云,贵族政治者,最不平等之政治也,最不自由之政治也,吾中国既早已划除之,宜其平等自由,达于极轨,而郅治早陵欧美而上,乃其结果全反是者何也？试纵论之。

贵族政治者,虽平民政治之蟊贼,然亦君主专制之悍敌也。试征诸西史,国民议会之制度殆无不由贵族起,希腊最初之政治,有所谓长者议会者存,其议员即各族之宗子(Father sovereign),而常握一国之实权者也。此议会,其后在斯巴达变为元老议会(Gerousia)及国民议会,其在雅典变为元老议院及四百人议院。罗马最初之政治,亦有所谓元老院(Senate)者存,其后变为百人会议、平民会议,而保有世界最古之成文宪法。所谓《金牛大宪章》者之一国(即匈加里),亦由贵族要求于国王而得之者也。英国今日民权最盛之国也,考其国会发达之沿革,其最始者为贤人会议(The Witenagemot),以王族、长老、教士、充之,是贵族之类也,次之者为诺曼王朝之大会议(The Great of the Kings Tenants-in-chief),谓国王治下贵族士人之会议也,以曾受封土及教会长教士等充之,亦贵族也,然后渐变为所谓模范国会者(千二百九十五年始命,各州选二名爵士议员,各市府选二名市民议员。后世国会多取法于此,故史家称为模范国会。)此后逐渐改良进步,然后完全善良之国会乃起。由此观之,贵族政治固有常为平民政治之媒介者焉。凡政治之发达,莫不由多数者与少数者之争而胜之。贵族之对于平民,固少数也,其对于君主,则多数也,故贵族能裁抑君主而要求得相当之权利,于是国宪之根本即已粗立。后此平民亦能以之为型,以之为楯,以彼之裁抑君主之术,还裁抑之,而求得相当之权利,是贵族政治之有助于民权者一也。君主一人耳,既用愚民之术,自尊曰圣曰神,则人民每不敢妄生异相,驯至视其专制为天赋之权利。若贵族而专制也,则以少数之芸芸者,与多数之芸芸者相

第三章　贵族制度之消灭

形见绌,自能触其恶感,起一吾何畏彼之思想,是贵族政治之有助于民权者二也。一尊之下,既有两派,则畴昔君主与贵族相结以虐平民者,忽然亦可与平民相结以弱贵族,而君主专制之极,则贵族平民,又可相结以同裁抑君主。三者相牵制相监督,而莫或得自恣,是贵族政治之有助于民权者三也。有是三者,则泰西之有贵族而民权反伸,中国之无贵族而民权反缩盖亦有由矣。吾非谓中国民权之弱,全由于无贵族,然此殆亦其复杂原因之一端也。

十八世纪之学说,其所以开拓心胸,震撼社会,造成今日政界新现象者,有两大义,一曰平等,二曰自由。吾夙受其说而心醉焉,曰,其庶几以此大义移植于我祖国,以苏我数千年专制之憔悴乎,乃观今日持此旗帜以呼号于国中者,亦非始无人,而其效力不少概见,则何以故？吾思之,吾重思之,彼泰西贵族、平民之两阶级,权利义务皆相去悬绝,诚哉其不平等也。君主压制之下,复重以贵族压制,罗网重重,诚哉其不自由也。惟不平等之极,故渴望平等,惟不自由之极,故日祝自由,反动力之为用,岂不神哉。若中国则异是,谓其不平等耶,今岁荜门一酸儒,来岁可以金马玉堂矣。今日市门一驵侩,明日可以拖青纡紫矣。彼其受政府之朘削,官吏之笞辱也,不曰吾将取何术以相捍御,而曰吾将归而攻八股,吾将出而买财票,苟幸而获中,则今日人之所以朘削我、笞辱我者,我旋可还以朘削人、笞辱人也。谓其不自由耶,吾欲为游手,政府不问也。吾欲为盗贼,政府不问也,吾欲为棍骗,政府不问也,吾欲为饿殍,政府不问也。听吾自生自来于此大块之上,而吾又谁怨而谁敌也？于是乎虽有千百卢梭、千百孟德斯鸠,而所以震撼我国民、开拓我国民之道,亦不得不穷。何以故？彼有形之专制,而此无形之专制故。彼直接之专制,而此间接之专制故,专制政体进化之极,其结果之盛大壮实而颠扑不破,乃至若是。夫孰知夫我之可以自豪于世界者,用之不善,乃反以此而自弱于世界乎,噫。

第四章　权臣绝迹之次第及其原因结果

问者曰，权臣之为物，果为利于国耶，抑为病于国耶？应之曰，权臣时而利国，时而病国，要其对于君主，则病多而利少也。今试以正当之训诂，为权臣二字下界说，则国中受委任（其委任或受自君，或受之自民。）之大吏（或中央大吏，或地方大吏。）有独立之威权，而不被掣肘于他人者是也，故专制国有权臣。立宪国亦有权臣。专制国之权臣，尽人所能解矣，立宪国之权臣则如德国大宰相是也，（德国大宰相兼联邦参事会 Bundesrat 之议长。联邦参事会即帝国国会之上院，以立法机关而兼行法。其下院则民选之议会 Reichstag 是也。故上院之议长即大宰相，不以下院之多数少数为进退。国法学者谓，德国大宰相，其地位恰如君主国之君主云。）英国大宰相亦是也，（英国大宰相以下议院之多数少数为进退，故宰相恒为议院多数党所拥戴。英之下议院有无限威权，英人常云巴力门斗，无事不可能为所不能者。除是使女变男、男变女耳。巴力门既有此威权，则其多数拥戴之大宰相亦有此威权，自不待言。）故谓权臣必病国者，曲士之论也。虽然，在专制国之权臣，则往往利少而病多，以故欲行完全圆满之专制政体者，不可不取权臣而摧灭之，此实凡专制国之君主所愿望而不能几者也，能之者惟今日之中国。

试即中国权臣之种类而分析之为，表如下。

权臣
- 在中央政府者
  - （一）受顾命者（如殷伊尹、周太公、汉霍光及本朝之鳌拜、肃顺等类是也）
  - （二）有大勋劳者（如汉曹操、晋刘裕乃至洪氏之杨秀清与夫历朝之定策拥立等类，皆是也。）
  - （三）以特别之才术结主知者（如秦商鞅、宋王安石、明张居正等类是也。此类之性质与他类稍别，盖其君授之以权，权仍在君，非欲去之而不能者也。）
  - （四）贵戚（如汉之窦、田、阎、梁、王诸后族，晋之诸王及杨贾诸后族，乃至清初之睿亲王等类，是也。）
  - （五）间接者（如魏何晏、邓飏之用曹爽，晋孙秀之用赵王伦等类，是也。近世如孙毓汶之用醇亲王亦近似之。）
  - （六）以近习便佞进者（如唐之卢杞、李林甫，宋之韩侂胄、贾似道，清之和坤，乃至历朝之阉宦中官，皆是也。此类与第三类颇不同，盖此类能制人主欲去之而往往不能也。）
- 在外者
  - （七）藩王
  - （八）方镇

综观历朝史乘，权臣柄政时代，殆居强半，然其种类亦大有变迁，直至本朝最近数十年间，而其迹殆绝。夫所谓无权臣者，非指雄主在上，群下戢戢之时代言也。若彼者，权臣之形影，虽暂伏匿，而可以产育权臣之胎卵，固仍在也，必也其君主虽童騃耄昏、荒淫庸暗，而仍不闻有权臣；必也其国内虽棼乱狼藉、废弛愁惨，而仍不闻有权臣。若是者，真可谓之无权臣也已矣；若是者，非专制政体进化达于完全圆满之域，不克有此。

吾推原中国权臣消长之所由，其第一原因，则教义之浸淫是也。孔子鉴周末贵族之极敝,思定一尊以安天下,故于权门疾之滋甚,而经传中矫枉过直之言,遂变为神圣不可侵犯之天经地义。如所谓"惟辟作福,惟辟作威,臣无有作福作威。"所谓"天下有道,则政不在大夫。"所谓"人臣无将,将而诛焉。"皆据乱世救敝之言,而二千年来君臣权限之理论所由出也。此外法家、道家,与儒教中分天下,至其论治术,则皆以抱一于上、鞭箠群下为政治之大原。汉兴,叔孙通、公孙弘之徒,缘饰儒术以立主威,鼋贾人豪,和合儒法,武帝表六艺黜百家,益弘此术以化天下。天泽之辩益严,而世始知以权臣为诟病。尔后二千余年,以此义为国民教育之中心点,宋贤大扬其波,基础益定,凡缙绅上流束身自好者,莫不兢兢焉。义理既入于人心,自能消其枭雄跋扈之气,束缚于名教以就范围,范蔚宗《后汉书》,论张奂、皇甫规之徒,功定天下之半,声驰四海之表,俯仰顾盼,则天命可移而犹鞠躬狼狈,无有悔心,以是归功儒术之效,诚哉然也。若汉之武侯,唐之汾阳,近今之湘乡、湘阴、合肥,皆隐受其赐者也。若是者,取权臣之根本的观念而摧陷之,以灭杀其主观的权力,厥功最伟矣。

其第二原因,则全由于客观的,即君主之所以封待其臣是已,今更分论之。

前表列次权臣八种,而在中央政府者与居六焉,故宰相地位之变迁,与权臣之消长,最有密切关系。汉制,宰相副贰天子,与天子共治天下,而非天子之私人。故《汉官》曰,宰相于海内无所不统。《汉仪》曰,天子为丞相起,天子为丞相下舆。以邓通之骄横,而丞相申屠嘉坐府按召之,天子不能庇也,立命斩戮,天子舍代为哀免之外,无他术也。相权尊严,可见一斑。揆当时之制,其宰相与今立宪国之宰相,殆凡相近。(谓比较的相近耳)盖君相之间,所去不过一级,(黄梨洲《明夷待访录》引《孟子》,天子一位,公一位,君一位,卿一位之言,谓天子非截然立于群僚之上。其论实本于历史,非特理想也。)君主亦不得加严惮焉,君主之侵相权,自汉武始。初秦制少府,遣吏四人,在殿中主发书,谓之尚书。(少府乃九卿之一,而尚书又少府所遣,则其职秩之微,甚矣。)及汉武游宴后庭,始令宦者典事尚书,而外廷之权渐移于宫中,其末年以霍光领尚书事。光薨,子山继之,山败,张安世继之,宰相实权始在尚书矣。其所以由宰相而忽移于尚书者,何也?汉制,宰相必经二千石(郡国守相)、中二千石(九卿),著有政声者,历御史大夫(宰相之副也),乃得为之,其位高,其望重,苟以节操自持者,虽天子亦不得干以私。汉武惮焉,乃任用己之左右近习,能奉承意旨者,使潜夺其权,则尚书之所以重也,然自霍氏以后。尚书一职,移至外廷,浸假而其位之尊、望之重,与前此之宰相等。(霍光以大将军领尚书事,其后张安世以车骑将军、王凤以大司马、师丹以左将军领之。后汉章帝时,以太傅赵熹、太尉牟融并录尚书事,盖为三公之兼官矣。和帝时以太尉邓彪为太傅,录尚书事,且班在三公上矣。又非复天子之所得而私矣,《汉官仪》云,尚书令主赞奏事,总领纪纲,无所不统。与司隶校尉、御史中丞,朝会皆专席坐,京师号曰三独坐。盖后汉制也。)于是乎复移而入于中书,(政权由尚书入中书,自魏晋始。然西汉之末实已有之,《汉书·萧望之传》云,元帝时中书令弘恭、石显乘势用事,权倾内外。望之奏言,中书,政本宜以贤明之选,更置士人。是中书有实权之明证也。时望之方录尚书事也,又,《霍光传》言,光夫人显及禹山云等言,上书者益黠奏封事,辄下中书令,取出之,不关尚书。然则中书侵权,自宣帝时而已然矣。要之著著由外廷以移于内侍而已。)魏晋以后,尚书令徒拥尊号,而不掌实政,几等于汉之三公。(史称荀勖久在中书,参赞朝政。及迁尚书令,人有贺者,勖怒曰:夺我凤凰池,诸公何贺焉?)中书令监始为真宰相矣。(魏黄初中,以刘放为中书监、孙资为中

第四章 权臣绝迹之次第及其原因结果

书令,并掌机密。中书监自此始。)南朝齐梁以后,复以侍中对掌禁令。逮乎初唐,遂以尚书、中书、门下,谓之三省,而尚书令、中书令、侍中为三省长官,(侍中者,门下省长官也。)拟于三公,罢师、傅、保,丞相、太尉诸官悉不置。三省长官,名实并为宰相,自唐始也。夫尚书、中书令,在西汉时,为少府官属,与太官汤官上林诸令,品列略等耳,(侍中则但为加官)在东汉时,犹属少府,铜印墨绶,秩稍增,仅乃千石,其去公卿甚远,或至出为县令,其卑微也若此,而显以之总百揆掌机要何哉?无他,君主以是为我弄臣,可以无所尊严,无所忌惮云尔,故三公之阶不撤,然不过徒塞时望,敬而远之。宰相之职偶置,则皆权臣篡弑时虚经之阶级也。(东汉末置丞相,曹操为之。其三公则杨彪、赵温辈也。魏末置丞相,司马师、昭为之,其三公则王祥、郑冲辈也。)观此而宰相一职,与权臣之关系,可概见矣。唐制,三省长官,既为真相,而秩犹三品(大历中乃升正二品),天子与宰相之位阶,相距盖悬绝,其于《孟子》君一位、卿一位之义,去之愈远矣。然且以太宗尝为尚书令,臣下避不敢居,改以其属官仆射为尚书省长官,宰相之秩益卑。然且以其职望之隆,又非复天子之所得而私也,故不轻以授人,复以其他官更卑、秩更小者尸其实权,于是有中书门下平章事、同中书门下三品参知政事参预朝政诸名。(同中书门下三品者,因三省长官即仆射、侍中、中书令也,皆秩三品也,不欲实除,故曰同之。其后虽一品二品官亦如此名,盖可笑也。)一言蔽之,则君主远其所敬畏者,而任其所可狎弄者云尔。及于宋,而尚书令、侍中、中书令位益崇重,至班在太师上,然亦不复除授矣,此又汉魏废丞相不置之遗技也。(宋制以三省长官秩高不除,故以尚书令之贰左右仆射为宰相。而左仆射兼门下侍郎,以行侍中之职。右仆射兼中书侍郎,以行中书令之职。而别置侍郎以佐之。)唐初,实权在三省,至高

175

宗时，始分其职于北门学士，玄宗时，又移于翰林学士，既稍稍内迁矣。中叶以后，置诸司使，皆中官领之，而枢密使参预朝政，实与宰相分权，学士中书，皆承其下流。昭宗以降，其职始移于外廷。（时大诛宦官，宫中无复奄寺，故命命蒋元晖为之。枢密使移于朝臣自兹始。）五代因之，枢密使皆天子腹心之臣，日与议军国大事，其权重于宰相。盖唐末之枢密吏，即汉武时之尚书中书令，而五代、宋之枢密使，即东汉魏晋间之尚书中书令也，皆由君主猜忌外廷大臣使然也。唐制，三省各分职，中书出诏令，门下掌封驳，尚书主奉行，盖职有三权鼎立之意焉。中书省，其犹立法机关也；（专制国立法之权全在君主，亦固其所。）门下省，其犹司法机关也；尚书省，其犹行政机关也。夫门下省而有覆审、封驳之权，则其妨害于专制也亦甚矣。（门下省封驳之权，不独其长官有之而已，其所属之给事中尤专以此为职。岳珂《愧郯录》记，唐李藩在琐闼以笔涂诏书，谓之涂归。宋南渡后，三省合为一。此职遂专务给事中。《愧郯录》又记，元佑中，权给事中梁焘封缴诏书。其驳文云，所有录黄，谨具封还，伏乞圣慈特付中书省，别赐取旨云云。此亦可称峻厉之司法官矣。若近代则给事中与御史同职，安用此叠床架屋无谓之升转阶哉。）及宋南渡，以门下侍郎为左仆射兼官，与中书侍郎同时取旨，于是三权合一，并归于君主之左右近习，专制之威权，更增一层，此亦千古得失之林哉。明初，亦曾设丞相、相国、平章政事、参知政事等官，及既定天下，又以其位高望重，非复天子所得而私也，于是罢中书省（洪武十三年○平章参知等官本属中书省），谕以后嗣君毋得议置丞相（洪武二十八年），而实权归于内阁。内阁大学士之官，不过五品耳，（杨士奇在内阁得政历二十五年，后加至少师，而实官仍止五品。）以秩微之故，天子得任意以授其所私暱，犹汉世以私六百石、千石之中书尚书令代宰相也。（洪武十五年，初置华盖、武英、文渊、东阁诸大学士,而邵质以礼部尚书为华盖矣。伯宗以检讨为武英,宋讷以翰林学士为文渊,吴沈以典籍为东阁。夫尚书、翰林学士之与检讨典籍,其实阶甚相远也,而同时受此职。其便于君主之任意迁除,亦甚矣。)盖君主国之君主,虽专制权无限,而前代之法律,亦往往束缚之(孟德斯鸠尝详论其理。),故必脱离其名号,然后得自恣,历代宰相名实之沿革,大率为是也。梨洲《待访录》云:"有明之无善治,自高皇帝罢丞相始也。"又曰:"入阁办事者,职在批答,犹开府之书记也。其事既轻,而批答之意,又必自内授之而后拟之,或者乃谓阁老无宰相之名有宰相之实,若是者可谓有其实乎?"可谓知言。(赵瓯北《陔余丛考》卷二十有"前明司礼监即枢密使"一条,盖当时有所谓秉笔太监者,常令组写事目,送阁撰拟。中唐以后正如是也。故梨洲又谓,有宰相之实者,今之宫奴也。要之实权自外廷渐移于内廷,千古一辙耳。)虽然,自汉中叶以后所公认为宰相之职者,何一非开府书记之类,又宁独区区有明之大学士哉?明之大学士,则东汉魏晋时之尚书中书令也。本朝之大学士,则唐宋之尚书中书令也。其位浸太高,其望浸太重,又非复天子之所得而私矣,于是一移于南书房,(康熙中,谕旨多令南书房翰林撰拟,其职如唐翰林学士掌内制,实宰相也。)再移于军机处。(雍正间始设军机处于隆宗门外,以鄂尔泰、张廷玉任。)政权皆以次内迁,犹汉唐故事也,所异者未入于中涓之手耳。自乾隆迄今,垂二百年,军机处常为独一无二之枢要地,大学士而不兼军机大臣者,犹汉末之太傅太尉不录尚书,唐末之仆射平章不任枢密,冷然与闲曹无异也。夫以曾文正、李文忠之勋名赫赫盖天下,任阁老且十年至数十年,然一离其方镇之任,则冷然一闲曹也。左文襄赞军机仅一月,遂为先辈所排,不安其位。权臣之为权臣,不亦难哉。呜呼!仅以宰相一职,上下千古,而察其名实递嬗之所由，当益信吾所谓中国专制政体进化达于完全圆满之说，诚非过言矣。

难者曰，子所述者，宰相之异名耳，若夫有天子不能无宰相，则二十余代所同也，号之曰丞相，曰相国，曰太尉，曰太傅，曰司徒、司马、司空，曰录尚书事，曰尚书令，曰中书令、中书监，曰侍中，曰仆射，曰平章，曰参知，曰同三品，曰承旨学士，曰枢密使，曰知制诰，曰内阁大学士，曰南书房翰林，曰军机大臣，其名则殊，其实何择焉？应之曰，否否，吾今所欲论辩者，正惟其实不惟其名也。吾以为名实不副之相与实相比较，其相异之点有四：

一曰位不甚高，望不甚重，不见严惮也。汉制，天子待丞相，御座为起，在舆为下，不必论矣。即在后世拥三公虚号者，（唐宋时之仆射等官，已可谓之拥三公虚号，盖彼时此等官已如汉之丞相矣。）犹不失坐而论道之礼，（宰相见天子不敢坐，自范质之于宋太祖始耳。）至如汉武时之尚书、中书、侍中，则执唾壶虎子者也。（史称孔安国为侍中，帝以其儒者，特听掌唾壶，朝廷荣之云云。吁亦可叹矣。）唐宋之学士，则出入讽议之司也。枢密使等，又益与明之秉笔太监无择也，皆其素所狎此暱弄，而倡议臧获畜之者也。善夫黄子之言曰："宰相既罢，天子更无与为礼者，遂谓百官之设所以事我，能事我者我贤之，不能事我者我否之。"夫其位望稍足与君主相接近者，则既已敬而远之，不使与闻国事，而所委任者，乃反在六百石（汉中书令）、千石（东汉尚书令）、三品（唐三省长官）、五品（明大学士）之人。有资格者无地位，有地位者无资格，其不易造出权臣者一矣。

二曰不得自辟掾属也。汉制，丞相官属，有司直，有长史，有诸曹，而司直且秩中二千石，位司隶校尉上。相府诸官皆不受职于天子，故曹操、司马昭、刘裕之徒，将行篡杀，必复置真相而自任

第四章　权臣绝迹之次第及其原因结果

之者。为此种权利也,至尚书、中书以下之所谓相者,无复此矣。若隋唐尚书之有左右司、郎中、左右承务,宋中书之有五房检正,明大学士之有中书,今军机处之有章京,皆天子之臣,非长官所得而私也,其不易造出权臣者二矣。

三曰徒掌票拟,职同书记,权非独立也。相名曰丞,丞犹贰也。汉制,御史大夫丞丞相,而非丞相属;御史中丞丞御史大夫,而非其属,犹今制府丞丞府尹、县丞丞知县而非其属也。故因文究义,亦知丞相丞天子,而断未尝奴隶于天子。(《史记》,陈平对汉文帝言,宰相者,上佐天子理阴阳、顺四时,下遂万物之宜。外镇四夷、诸侯,内亲附百姓,使卿大夫各任其职云云。凡此皆天子之事也。又,汉武帝语相田蚡曰:君除吏尽否,吾亦欲除吏。此虽愤激争权之语,亦可见当时相权之独立矣。故先君崩殂,嗣子谅闇百官总己以听冢宰。亦犹总督丁忧,则巡抚署理,布政护理而已。)今立宪国诏令,非宰相副署,不得施行,犹斯意也,故天子譬犹国之大脑,宰相譬则小脑也。若后世名实不副之宰相,则王之喉舌耳。喉舌之司,虽不可无,然其细已甚矣。唐虞之龙作纳言,位次九官之末,而后世则以之在一人之,下万人之上,(隋制竟以纳君名宰相,尤可笑。)更何处复容参政之余地也?吾常谓今之军机大臣,不过合留声机器与写字机器二者之长,此虽戏言,实确论也。(雍乾间张文和、汪文端亲自拟旨,是犹兼尽两机器之职务。此后皆传旨使章京票拟,则唯一之留声机器而已。)故惟以有记性能慎密者为上才,(汉之初以霍光领尚书事,史称以其谦密而用之。此后世英主择相之秘诀矣。)其他皆非所需也,不见乎壬寅癸卯间四军机中无一人官肢完备者,曾何损于润色鸿业矣。故真相非才德望兼备者不任,而名实不副之相乃愈庸才而愈妙也,其不易造出权臣者三矣。

四曰同职数辈，势位相等，不能擅专也。秦汉之相，则一而已，或分左右，不久旋罢。后世则既有尚书，复有中书，复有令，复有监。六朝时则侍中、门下、侍郎、散骑、常侍、中书舍人等，往往并行宰相职。唐天宝以后，同时任平章、同三品、参知、参预等职者，乃多至三四十人。明制大学士凡六员。本朝军机大臣无定员，常四人至九人不等，虽其间秉钧持衡者，实不过一二，而其名号固已分矣。求其如古代及今世立宪国之正名定分，以一人总摄机要，礼绝百僚者，久矣乎未之有闻也，其不易造出权臣者四矣。

以此四端，故缘宰相之名实，而权臣消长之机大显焉。吾不敢指为行政权关之退化，吾但见为专制政体之进化而已。何也？自彼桀黠之君主，不知经几许研究试验而始得此法门也。